글 김지현
연세대학교 물리학과를 졸업하고, 같은 대학교 교육대학원에서 공통과학교육 석사 학위를 받았습니다. 와이즈만 영재교육연구소에서 아이들을 위한 탐구력, 창의력 교재를 개발하였습니다. 현재는 자유 저술가로 활동하며 아이들이 즐겁게 읽을 수 있는 과학책을 만들고 있습니다.

구성 사회평론 과학교육연구소
대학에서 오랫동안 과학을 연구한 전문가들이 모여, 우리 아이들이 쉽고 재미있게 공부할 수 있는 책을 만들고 있습니다.

이명화 (사회평론 과학교육연구소 연구원)
서울대학교 물리교육과를 졸업하고 같은 대학교 대학원에서 석사, 박사 학위를 받았습니다. 10여 년간 중학교에서 과학을 가르쳤으며, 미국 아리조나 주립대에서 물리학으로 박사 학위를 받고 독일, 미국, 영국에서 연구원으로 근무하였습니다. 쉽고 재미있는 과학책을 쓰는 일에 관심을 갖고 있으며, 현재 사회평론 과학교육연구소 연구원으로 과학책을 만들고 있습니다.

김형진 (사회평론 과학교육연구소 연구원)
연세대학교 천문대기과학과를 졸업하고 같은 대학교 대학원에서 석사, 박사 학위를 받았습니다. 과학자를 꿈꾸는 아이들에게 올바른 과학 개념과 과학적 태도를 함께 키울 수 있는 방법을 전달하기 위해 노력하고 있습니다. 현재 사회평론 과학교육연구소 연구원으로 과학책을 만들고 있습니다.

설정민 (사회평론 과학교육연구소 연구원)
서울대학교 생물학과를 졸업하고 같은 대학교 대학원에서 석사 학위를 받은 뒤 박사 과정을 수료하였습니다. 아이에게 과학을 쉽고 재미있게 얘기해 주려 노력하다 보니 어린이를 위한 책을 만드는 일에도 관심을 가지게 되었습니다. 현재 사회평론 과학교육연구소 연구원으로 과학책을 만들고 있습니다.

그림 김인하
시각디자인을 전공하고 1999년 월간지에 만화를 연재하며 작품 활동을 시작하였습니다. 《건방진 우리말 달인》, 《똑똑한 어린이 대화법》 등에 그림을 그렸습니다. 이 책을 읽는 어린이들의 밝은 미래를 기원합니다.

그림 뭉선생
2004년 LG 동아 국제만화 공모전에 입상하며 작품 활동을 시작했습니다. 그린 책으로 《조지의 우주를 여는 비밀 열쇠》 시리즈, 《용선생 만화 한국사》 시리즈, 《용선생 처음 한국사》 시리즈, 《용선생 처음 세계사》 시리즈 등이 있습니다.

그림 윤효식
2002년 《소년 챔프》에 〈신검〉으로 데뷔하여 어린이에게 유익한 학습 만화를 그리고 있습니다. 그린 책으로 《마법천자문 사회원정대》 시리즈, 《용선생 만화 한국사》 시리즈, 《용선생 처음 한국사》 시리즈, 《용선생 처음 세계사》 시리즈 등이 있습니다.

감수 강남화
서울대학교 물리교육과를 졸업하고 같은 대학교 대학원에서 석사 학위를 받았습니다. 미국 조지아주립대학교에서 박사 학위를 받았습니다. 미국에서 10년간의 교수 생활 후 현재 한국교원대학교 물리교육과 교수로 재직 중입니다. 2015 개정 교육과정의 고등학교 물리교과서를 함께 저술했으며, 함께 번역한 책으로 《재미있는 물리 여행》, 《드로잉 피직스》가 있습니다.

캐릭터 이우일
홍익대학교에서 시각디자인을 공부한 만화가입니다. 그림책 작가인 아내 선현경, 딸 은서, 고양이 카프카와 함께 그림을 그리고 글을 쓰며 살고 있습니다. 지은 책으로 《우일우화》, 《옥수수빵파랑》, 《좋은 여행》, 《고양이 카프카의 고백》 등이 있고, 그린 책으로 《노빈손》 시리즈, 《용선생의 시끌벅적 한국사》 시리즈, 《교양으로 읽는 용선생 세계사》 시리즈 등이 있습니다.

용선생의 시끌벅적 과학교실
파동

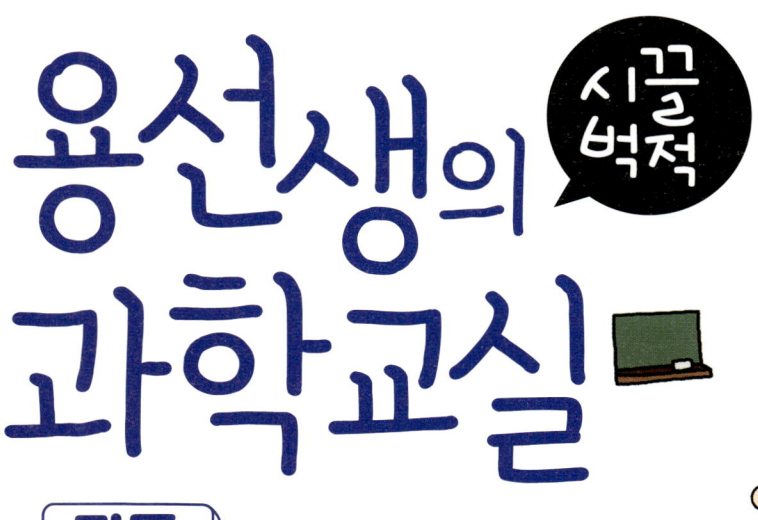

글 김지현 | 구성 사회평론 과학교육연구소 | 그림 김인하·뭉선생·윤효식 | 감수 강남화 | 캐릭터 이우일

사막에 나타나는 신기루의 정체는?

사회평론

프롤로그

여러분, 안녕? 과학반을 맡은 용선생이야. 내 명성은 익히 들어 봤겠지? 역사반과 세계사반을 모두 훌륭하게 성공시키며 방과 후 교실 최고의 인기 교사가 된 그 용선생이란다. 교장 선생님께서 특별히 부탁하셔서 이번에는 과학반을 맡게 되었어. 어찌나 사정을 하시던지 도무지 거절할 수가 없었지 뭐야. 그래서 이 몸이 깜짝 놀랄 수업을 준비했단다.

우리의 수업은 언제나 질문과 함께 출발해. 세상을 둘러보다가 누군가 "저건 왜 그래요?" 하고 질문하면 바로 그 순간 수업이 시작되는 거지. 이제부터 용선생의 시끌벅적 과학교실을 제대로 즐기는 방법을 하나씩 알려 줄게.

첫째, 과학반 친구들과 함께 호기심을 갖고 질문해 봐. 과학을 어렵게만 생각하지 말고, 매 교시마다 아이들이 어떤 호기심을 가지는지 관심을 가져 봐. 과학반 친구들과 함께 '왜 그럴까?', '어떻게 알아낼 수 있을까?' 고민하다 보면 어렵던 과학도 쉽게 느껴질 거야.

둘째, 어려운 내용은 사진과 그림으로 이해해 봐. 어려운 과학 개념과 원리를 한 장의 사진이나 그림을 통해 단숨에 이해할 수도 있어. 그래서 너희를 위해 사진과 그림을 많이 준비했단다. 글을 읽다가 어렵다 싶으면 옆에 있는 사진과 그림을 봐. 잘 이해되지 않던 내용이 틀림없이 술술 이해될 거야.

셋째, 배운 내용을 되새기며 머릿속에 정리해 봐. 왁자지껄한 수업을 마치고 나면 뭘 배웠는지 정리가 안 될 때도 있을 거야. 그럴 때를 대비해 중간중간 핵심 정리를 준비했어. 또 배운 내용을 4컷 만화로 재미있게 요약해 두었지. 게다가 교시가 끝날 때마다 나선애의 정리노트도 마련했단다. 이 정도면 학습 정리는 문제없겠지?

과학은 분야도 다양하고 배울 내용도 아주 많아. 쉽게 이해할 수 있는 부분도 있지만, 여러 번 곰곰이 생각해 봐야 알 수 있는 부분도 있지. 이 책을 여러 번 다시 읽다 보면 구석구석 빠짐없이 모두 이해될 거야.

자, 이제 용선생의 시끌벅적 과학교실을 제대로 즐길 준비가 됐겠지? 그럼 신나는 수업을 시작해 볼까?

차례 | 파동

1교시 | 파동이란?

종이배가 물결을 따라 이동하지 않는 까닭은?

연못의 모자가 제자리에 머문 까닭은? ··· 13
진동을 전달하는 두 가지 방법! ··· 16
우리 주변의 파동은? ··· 18

나선애의 정리노트 ··· 22
과학퀴즈 달인을 찾아라! ··· 23

교과연계
초 3-2 소리의 성질 | 초 4-2 그림자와 거울 |
초 6-1 빛과 렌즈 | 중 1 빛과 파동

3교시 | 파동의 반사

박쥐가 캄캄한 밤에도 먹이를 찾아내는 비결은?

파동이 장애물을 만나면? ··· 42
박쥐가 먹이를 찾는 방법! ··· 45
파동의 반사를 이용하는 장치! ··· 49

나선애의 정리노트 ··· 54
과학퀴즈 달인을 찾아라! ··· 55

교과연계
초 3-2 소리의 성질 | 초 4-2 그림자와 거울 |
중 1 빛과 파동

2교시 | 파동의 표현

사람이 돌고래 소리를 들을 수 없는 까닭은?

파동을 정확히 표현하려면? ··· 26
진동하는 빠르기를 표현하려면? ··· 30
사람이 들을 수 없는 소리의 비밀! ··· 32

나선애의 정리노트 ··· 36
과학퀴즈 달인을 찾아라! ··· 37
용선생의 과학 카페 ··· 38
 - 초저주파로 대화하는 동물들

교과연계
초 3-2 소리의 성질 | 초 4-2 그림자와 거울 |
초 6-1 빛과 렌즈 | 중 1 빛과 파동

4교시 | 파동의 굴절

물이 없는데 물이 보이는 까닭은?

파동이 다른 매질을 만나면? … 58
신기루가 생기는 까닭은? … 63
밤에 소리가 더 잘 들리는 까닭은? … 66

나선애의 정리노트 … 68
과학퀴즈 달인을 찾아라! … 69
용선생의 과학 카페 … 70
 - 빛을 가두는 기술!

교과연계
초 3-2 소리의 성질 | 초 6-1 빛과 렌즈 |
중 1 빛과 파동

6교시 | 파동의 간섭

주변의 시끄러운 소리를 없애는 헤드폰의 비밀은?

두 파동이 마주치면? … 91
소리가 만나면 어떤 일이? … 94
소음을 없애는 방법! … 98

나선애의 정리노트 … 102
과학퀴즈 달인을 찾아라! … 103
용선생의 과학 카페 … 104
 - 빛의 간섭으로 위조지폐를 찾아내!

교과연계
초 3-2 소리의 성질 | 초 4-2 그림자와 거울 |
초 6-1 빛과 렌즈 | 중 1 빛과 파동

5교시 | 파동의 회절

보이지 않아도 소리가 들리는 까닭은?

벽 뒤에서도 소리가 들리는 까닭은? … 75
모두 회절 덕분이야! … 77
회절은 언제 잘 일어날까? … 79

나선애의 정리노트 … 84
과학퀴즈 달인을 찾아라! … 85
용선생의 과학 카페 … 86
 - 전자기파는 어디에 쓰일까?

교과연계
초 3-2 소리의 성질 | 초 4-2 그림자와 거울 |
초 6-1 빛과 렌즈 | 중 1 빛과 파동

가로세로 퀴즈 … 106
교과서 속으로 … 108

찾아보기 … 110
퀴즈 정답 … 111

등장인물

용쓴다 용써!
용선생

- 체력 ★★★
- 지력 ★★★★★
- 감성 ★★★
- 호기심 ★★★★★
- 유머 ★★

열정이 가득한 과학 선생님. 하늘을 향해 거침없이 솟은 머리카락과 삐죽삐죽한 수염이 매력 포인트. 생생한 과학 수업을 하기 위해 물불을 가리지 않는다.

장하다 장해!
장하다

- 체력 ★★★★★
- 지력 ★
- 감성 ★★★
- 호기심 ★★★★★
- 유머 ★★★★★

'튼튼하게만 자라 다오.'라는 아버지의 소원대로 튼튼하게 자랐다. 성격은 일등, 성적은 비밀이다. 시험을 못 봐도 씩씩하고, 엉뚱한 질문으로 수업에 활력을 준다.

오늘도 나선다!
나선애

- 체력 ★★★★
- 지력 ★★★★
- 감성 ★★★
- 호기심 ★★★★★
- 유머 ★★★

과학자를 꿈꾸는 우등생. 공부도 잘하고 아는 게 많아서 모든 일에 앞장서는 타입이다. 겉으로는 차가워 보이지만 내심 따뜻한 면도 가지고 있다. 전혀 티가 안 나서 그렇지.

잘난 척 대장
왕수재

- 체력 ★★★
- 지력 ★★★★
- 감성 ★
- 호기심 ★★★★★
- 유머 ★

세상에서 자기가 제일 잘난 줄 안다. '천재는 외로운 법이고 질투의 대상인 법'이라나. 친구들에게 깐족거리는 데에도 천재적이다. 그래도 수업에는 늘 적극적으로 참여한다.

낭만 가득
허영심

체력 ★★★★★
지력 ★★★
감성 ★★★★★
호기심 ★★★★★
유머 ★★

감성이 풍부해도 너무 풍부하다. 떨어지는 낙엽이나 밤하늘의 별을 보며 눈물짓고, 조그만 벌레와 대화를 나누는 사차원 성격. 하지만 누구보다 정이 많고 낭만적이다.

과학반 귀염둥이
곽두기

체력 ★★★
지력 ★★★★
감성 ★★★★
호기심 ★★★★★
유머 ★★★★

형과 누나들의 귀여움을 독차지하는 과학반 막내. 나이도 가장 어리고 타고난 동안이라 언뜻 보면 유치원생 같다. 훈장 할아버지 덕에 어려운 단어를 줄줄 꿰고 있다.

우리를 찾아봐!

용수철
탄력이 있는 쇠줄이야. 한쪽 끝을 흔들면 파동이 생겨.

돌고래
물속에 사는 동물로, 초음파로 대화해.

박쥐
어두운 동굴에 사는 동물로, 초음파를 이용해 먹이를 찾아내.

레이더
물체에 빛을 쏘아 반사된 빛을 이용해 물체의 위치 등을 알아내는 장치야.

마이크
소리를 모아 전기 신호로 바꾸는 장치야. 소음을 없애는 기능이 있는 헤드폰에도 쓰여.

기지국
전파를 주고받는 역할을 하는 통신 시설이야. 휴대 전화와 전파를 주고받아.

1교시 | 파동이란?

종이배가 물결을 따라 이동하지 않는 까닭은?

저기 봐, 종이배야!

물결을 일으켜 종이배를 이쪽으로 가져와야겠다!

물결을 일으켜도 종이배는 물결을 따라오지 않을 텐데….

교과연계

초 **3-2** 소리의 성질
초 **4-2** 그림자와 거울
초 **6-1** 빛과 렌즈
중 **1** 빛과 파동

정말요?
왜요?

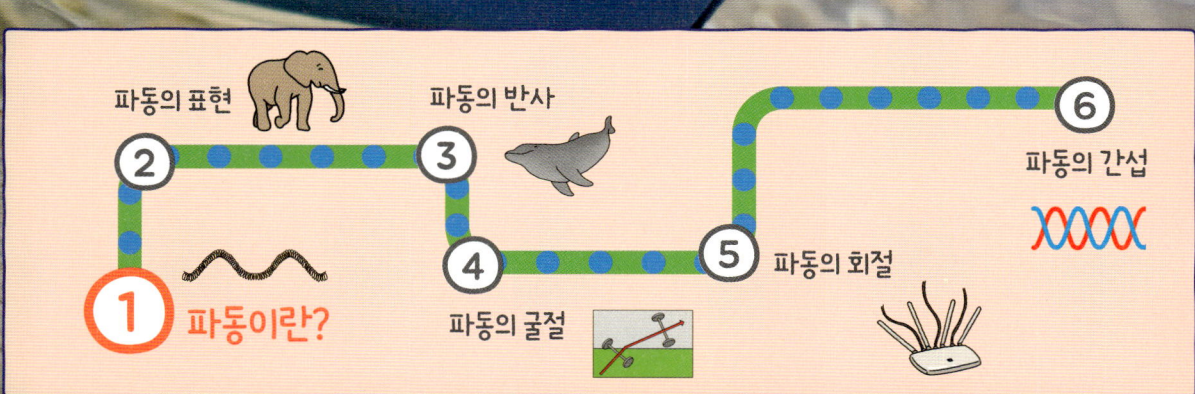

① 파동이란?
② 파동의 표현
③ 파동의 반사
④ 파동의 굴절
⑤ 파동의 회절
⑥ 파동의 간섭

"앗, 내 모자!"

모자가 바람에 날려 연못에 빠지자 허영심이 깜짝 놀라 외쳤다. 그러자 장하다가 얼른 바닥에서 돌을 주우며 말했다.

"걱정하지 마. 내가 돌로 물결을 일으켜서 모자를 이리로 오게 할게!"

장하다가 연못에 돌을 던지자 연못에 물결이 일었다. 하지만 모자는 제자리에서 흔들리기만 했다.

"물결은 연못 가장자리까지 오는데, 모자는 왜 제자리에 가만히 있지?"

허영심의 물음에 기다란 나뭇가지를 들고 장하다가 말했다.

"그건 나중에 알아보고, 막대로 모자부터 건지자!"

연못의 모자가 제자리에 머문 까닭은?

다음날 장하다는 연못가에서 있었던 일을 용선생에게 말했다.

"돌을 아무리 던져도 모자는 물결을 따라오지 않아."

"왜요?"

"그게 바로 파동의 특징이거든."

"파동이요? 파도와 글자가 비슷하네요, 하하하! 근데 파동이 뭐예요?"

"연못에 돌을 던지면 물이 위아래로 출렁이고, 돌이 떨어진 곳을 중심으로 물결이 동심원을 그리면서 사방으로 퍼져 나가지? 물이 위아래로 출렁이는 것처럼 물체가 한 점을 중심으로 왔다 갔다 되풀이하면서 움직이는 것을 진동이라고 해."

"휴대 전화가 진동한다고 할 때 그 진동이요?"

"맞아. 물이 위아래로 진동하면서 물결이 사방으로 퍼져 나가는 것처럼 진동이 주위로 퍼져 나가는 것을 파동이라고 해. 물이 진동하여 생기는 파동을 '물결파'라고 하지."

"오, 그럼 제가 연못에서 파동을 만들었던 거군요!"

장하다가 모자를 매만지며 말했다.

 곽두기의 낱말 사전

동심원 같을 동(同) 중심 심(心) 둥글 원(圓). 중심이 같은 원들을 말해.

나선애의 과학 사전

진동 떨 진(振) 움직일 동(動). 물체가 한 점을 중심으로 왔다 갔다 되풀이하며 떨리는 것을 말해.

파동 물결 파(波) 움직일 동(動). 물결이 퍼져 나가는 것처럼 진동이 주위로 퍼져 나가는 것을 말해.

▲ 물결파

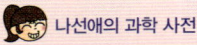

나선애의 과학 사전

매질 매개할 매(媒) 바탕 질(質). 파동을 한곳에서 다른 곳으로 전달하는 물질을 말해.

"그래. 물결파는 물을 통해 파동이 전달돼. 물결파를 전달하는 물처럼 파동을 전달하는 물질을 매질이라고 하지. 물결파는 물이 매질인 파동이야."

"근데 물결이 퍼질 때 모자가 왜 제자리에 있었는지 아직도 잘 모르겠어요."

"용수철로 파동을 직접 만들어 보면 그 까닭을 쉽게 알 수 있을 거야."

"용수철로 파동을 만든다고요? 와, 신난다!"

용 선생은 서랍에서 기다란 용수철을 꺼냈다.

"용수철에 리본을 매달고 용수철의 한쪽 끝을 위아래로 흔들 거야. 용수철과 리본이 어떻게 움직이는지 잘 보렴. 누가 선생님을 도와 반대쪽을 잡고 있을래?"

장하다가 재빨리 앞으로 나왔다. 장하다가 용수철 한쪽 끝을 잡자 용선생이 용수철을 위아래로 흔들었다.

▲ 용수철을 위아래로 흔들 때

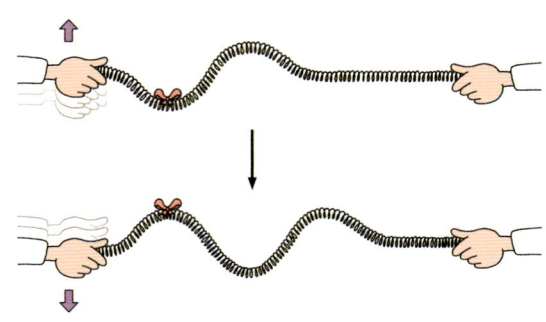

"용수철이 출렁이는 게 꼭 파도 같아요!"

"용수철의 불룩한 모양이 용수철을 타고 선생님쪽에서 제쪽으로 이동해요!"

"맞아. 용수철이 위아래로 진동하면서 용수철의 진동이 용수철을 따라 전달되는 거야."

"오, 용수철로 파동을 만든 거군요!"

"그렇지. 이때 리본이 파동과 함께 이동했니?"

"아뇨. 위아래로 진동만 하고 이동하지는 않았어요!"

"맞아. 이처럼 파동이 진행할 때 매질은 파동과 함께 이동하지 않고 제자리에서 진동만 해. 물결파가 진행할 때에도 물은 제자리에서 진동만 하지. 연못에 돌을 던졌을 때 모자가 제자리에 있었던 까닭도 이와 같아. 모자는 리본과 마찬가지로……."

"아하! 용수철의 리본이 제자리에서 진동만 했듯이, 물 위의 모자도 제자리에서 진동만 한 거네요!"

"바로 그거야!"

핵심정리

파동은 진동이 주위로 퍼져 나가는 것을 말해. 파동이 퍼져 나갈 때 파동을 전달하는 물질을 매질이라고 하지. 파동이 진행할 때 매질은 파동과 함께 이동하지 않고 제자리에서 진동만 해.

 진동을 전달하는 두 가지 방법!

용선생이 아이들을 둘러본 뒤 말을 이었다.

"용수철로 만든 파동과 연못에 생긴 물결파에는 공통점이 있어."

"둘 다 파동이라는 것 말고요?"

"응. 먼저 그림으로 두 파동을 살펴보자."

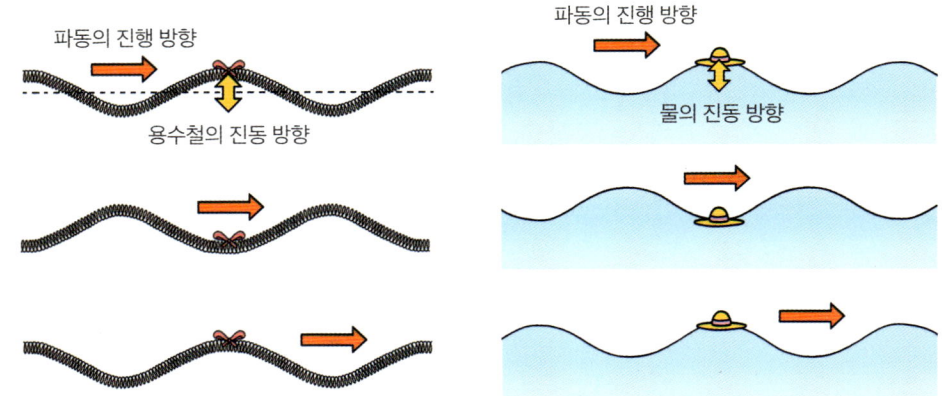

▲ **횡파** 매질이 진동하는 방향과 파동이 진행하는 방향이 서로 수직이야.

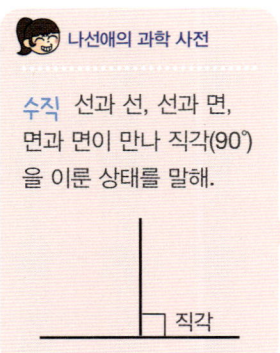

나선애의 과학 사전

수직 선과 선, 선과 면, 면과 면이 만나 직각(90°)을 이룬 상태를 말해.

용선생이 용수철을 가리키며 말을 이었다.

"용수철을 위아래로 흔들면 용수철은 위아래로 진동하고, 파동은 용수철을 따라 진행했지? 이때 용수철이 진동하는 방향과 파동이 진행하는 방향은 서로 수직이야."

"오, 그러네요."

"물결파도 마찬가지야. 물은 위아래로 진동하고, 물결파는 물 표면을 따라 사방으로 퍼져. 이때에도 물이 진동하는 방향과 물결파가 진행하는 방향은 서로 수직이지."

"아하, 그게 공통점이었군요!"

"그래. 이처럼 매질이 진동하는 방향과 파동이 진행하는 방향이 서로 수직인 파동을 횡파라고 해."

이때 허영심이 손을 번쩍 들고 물었다.

"파동은 모두 횡파예요?"

"그렇지 않아. 매질이 진동하는 방향과 파동이 진행하는 방향이 나란한 경우도 있어. 이런 파동을 종파라고 해. 용수철을 앞뒤로 흔들어 종파를 만들어 보자."

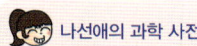

횡파 가로 횡(橫) 물결파(波). 매질이 진동하는 방향과 파동이 진행하는 방향이 서로 수직인 파동이야.

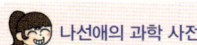

종파 세로 종(縱) 물결파(波). 매질이 진동하는 방향과 파동이 진행하는 방향이 나란한 파동이야.

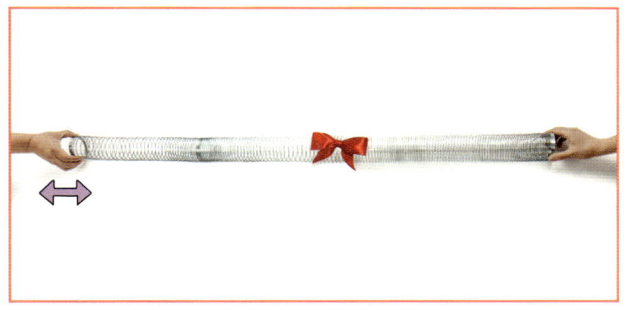
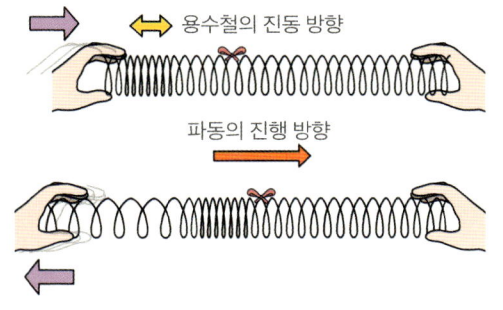

▲ **종파** 매질이 진동하는 방향과 파동이 진행하는 방향이 나란해.

"와, 용수철을 앞뒤로 흔드니까 용수철에 빽빽한 부분과 듬성듬성한 부분이 나타나서 용수철을 따라 이동해요!"

"맞아. 파동이 용수철을 따라 진행하는 거지. 이때 매질

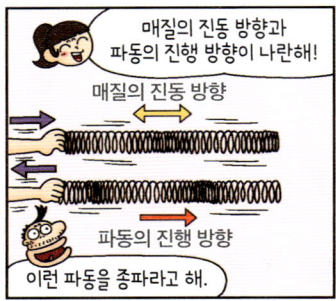
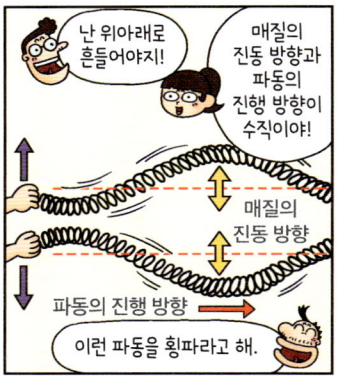

인 용수철은 파동이 진행하는 방향과 나란하게 앞뒤로 진동해. 이처럼 용수철을 앞뒤로 흔들면 종파가 생겨."

"우아, 용수철을 어떻게 흔드느냐에 따라 횡파가 생길 수도 있고, 종파가 생길 수도 있군요!"

"맞아. 이 경우에도 용수철에 매단 리본은 앞뒤로 진동만 하고 파동과 함께 이동하지 않아. 종파도 매질은 파동과 함께 이동하지 않고 제자리에서 진동만 한단다."

핵심정리

매질이 진동하는 방향과 파동이 진행하는 방향이 서로 수직인 파동을 횡파라고 해. 한편 매질이 진동하는 방향과 파동이 진행하는 방향이 나란한 파동을 종파라고 해.

우리 주변의 파동은?

"용수철 파동 말고 또 어떤 파동이 있어요?"

"우리 주변에는 파동이 아주 많아. 바다의 파도도 파동이야. 파도는 바다에 부는 바람 때문에 물이 진동하여 생기는 물결파이지."

"아하, 파도도 물결파군요!"

"바다의 물결파가 모두 바람 때문에 생기는 건 아니야. 혹시 쓰나미라고 들어 봤니?"

"네! 쓰나미에 집들이 휩쓸리는 걸 텔레비전에서 본 적이 있어요."

"쓰나미는 바닷속 지진으로 인해 생기는 거대한 물결파야. 물결파는 모두 횡파란다."

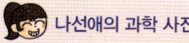

나선애의 과학 사전

지진 땅 지(地) 벼락 진(震). 지구 내부에서 작용하는 힘을 오랫동안 받아 땅이 끊어지면서 흔들리는 현상을 말해.

▲ **여러 가지 물결파** 왼쪽부터 물방울이 만든 물결파, 파도, 쓰나미

"흠, 쓰나미는 지진 때문에 생기는군요. 근데 지진이 나면 땅도 흔들리잖아요."

"맞아. 지진이 일어나면 땅속에서 생긴 진동이 주변으로 퍼져 나가는데, 이걸 '지진파'라고 해. 지진파는 땅이 매질인 파동이야."

"와, 땅도 파동을 전달할 수 있군요!"

이때 왕수재가 손을 번쩍 들었다.

"선생님! 파동을 느끼려면 바다에 가거나 지진을 기다려

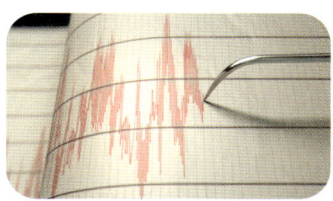

▲ **지진파가 기록되는 모습** 지진파에는 횡파도 있고, 종파도 있어.

용선생의 시끌벅적 과학교실 **19**

북면

진동판

▲ 소리는 물체가 진동해서 생겨.

용선생의 과학 현미경

대부분의 경우에는 기체인 공기가 소리를 전달하지만 물과 같은 액체, 벽과 같은 고체도 소리를 전달할 수 있어.

야 하나요?"

"물론 아니야. 우리가 듣고 보는 것도 파동과 관련이 있어. 소리와 빛도 파동이거든!"

"네? 소리와 빛이 파동이라고요?"

"소리도 물체가 진동해서 생기는 거야. 기타 줄을 튕기면 줄이 진동하여 소리가 나고, 북을 두드리면 북면이 진동하여 소리가 나. 스피커는 '진동판'이라고 하는 얇은 막이 진동하여 소리가 나지."

"소리가 파동이면, 소리를 전달하는 매질은 뭐예요?"

"대부분의 소리는 공기를 통해 전달돼. 물체가 진동하면 그 주변의 공기가 진동하고, 공기의 진동이 우리 귀까지 전달되면 우리가 소리를 듣게 되는 거야."

"아하, 소리의 매질은 공기군요!"

"소리가 전달될 때 공기는 소리가 진행하는 방향과 나란한 방향으로 진동해. 소리는 종파란다."

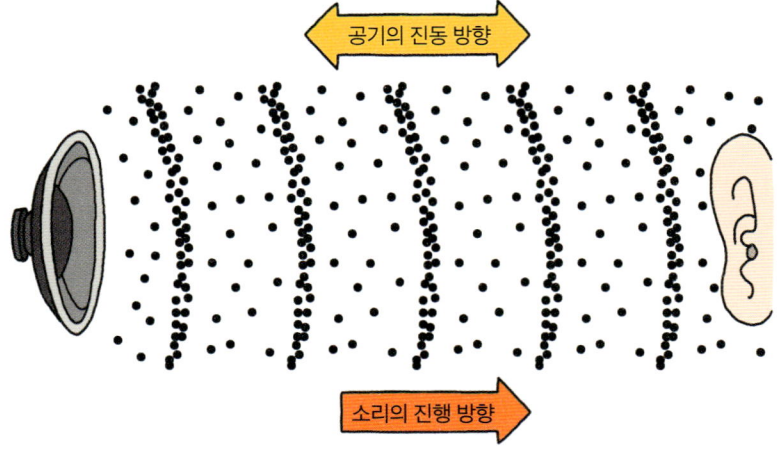

▲ **소리를 듣게 되는 과정** 소리는 공기를 통해 전달돼. 이때 공기는 소리가 진행하는 방향과 나란한 방향으로 진동해.

왕수재가 안경을 치켜올리며 물었다.

"빛도 파동이라고 하셨잖아요. 그럼 빛도 공기가 매질인가요?"

그러자 나선애가 고개를 갸웃하며 말했다.

"우주에 공기가 없어도 햇빛이 지구까지 전달되는데?"

"선애가 아주 예리하구나! 빛은 다른 파동과 달리 매질이 없어도 전달되는 파동이야."

"오, 매질이 없어도 되는 파동도 있군요!"

"소리와 빛도 파동이라니! 우리는 파동 속에 살고 있는 거네요!"

그때 장하다가 코를 킁킁거리며 물었다.

"냄새도 혹시 파동인가요? 급식실에서 나는 맛있는 냄새가 여기까지 전달된 것 같은데요?"

"하하! 냄새는 파동이 아니야. 파동은 매질이 이동하지 않지만 냄새 알갱이는 직접 여기까지 오거든. 어쨌든 냄새를 따라 급식실에 가 볼까?"

"네, 좋아요!"

핵심정리

파도, 쓰나미, 지진파, 소리, 빛도 파동이야. 이 중 빛은 매질이 없어도 전달되는 파동이야.

나선애의 정리노트

1. 파동
① 진동이 주위로 퍼져 나가는 것
② ⓐ [　　] : 물체가 한 점을 중심으로 왔다 갔다 되풀이하면서 움직이는 것
③ ⓑ [　　] : 파동을 전달하는 물질
• 파동과 함께 이동하지 않고 제자리에서 진동만 함.

2. 파동의 종류
① ⓒ [　　] : 매질의 진동 방향과 파동의 진행 방향이 수직인 파동
　예) 물결파
② ⓓ [　　] : 매질의 진동 방향과 파동의 진행 방향이 나란한 파동
　예) 소리

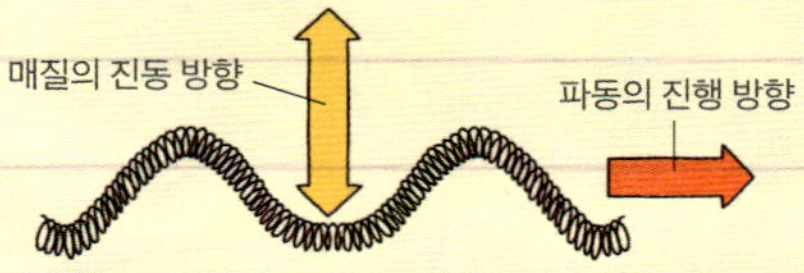

▲ 횡파 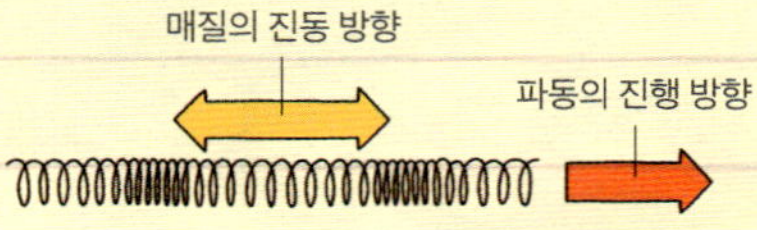　　　　　　　　　　▲ 종파

3. 우리 주변의 파동

파동	물결파	지진파	소리	빛
매질	물	ⓔ	공기	없어도 됨.

ⓐ 진동 ⓑ 매질 ⓒ 횡파 ⓓ 종파 ⓔ 땅

 **과학퀴즈 달인을 찾아라!**

●정답은 111쪽에

01

친구들이 이번 시간에 배운 내용에 대해 이야기하고 있어. 옳으면 O, 옳지 않으면 X를 표시해 줘.

① 파동은 진동이 주위로 퍼져 나가는 것을 말해. (   )
② 파동이 이동할 때 매질도 함께 이동해. (   )
③ 빛과 소리는 파동이 아니야. (   )

02

친구들이 치킨을 걸고 사다리 타기를 하고 있어. 쓰나미에 대한 바른 설명을 따라가며 치킨의 주인이 누구일지 알아맞혀 봐.

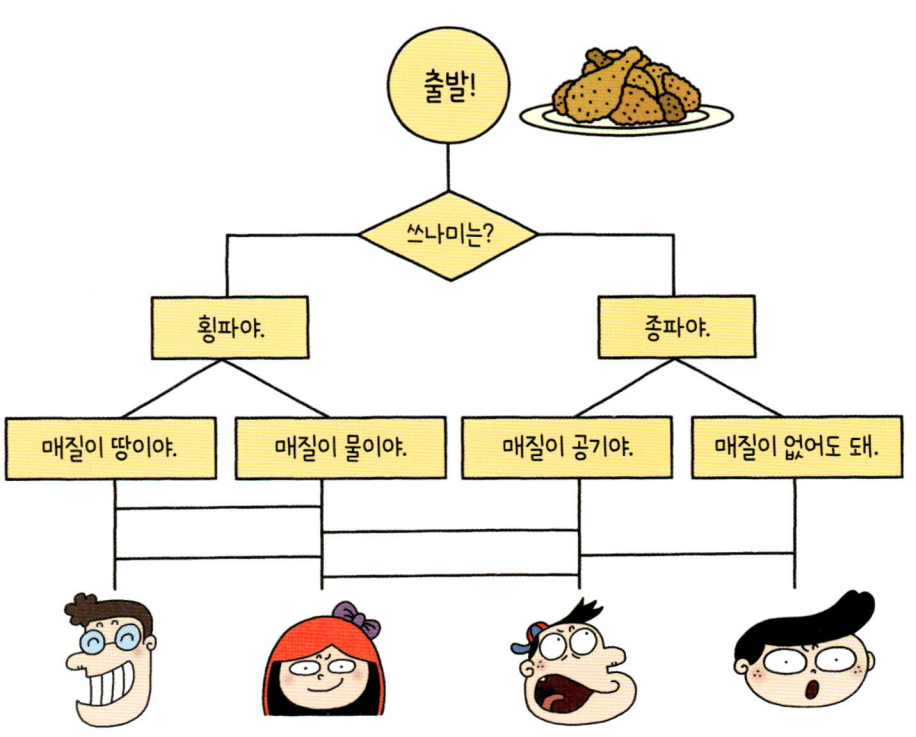

2교시 | 파동의 표현

사람이 돌고래 소리를 들을 수 없는 까닭은?

돌고래가 대화하는 소리는 우리가 들을 수 없대!

왜? 너무 작은 소리라서?

교과연계

- 초 3-2 소리의 성질
- 초 4-2 그림자와 거울
- 초 6-1 빛과 렌즈
- 중 1 빛과 파동

그게 아니라 다른 까닭이 있단다!

뭔데요? 빨리 알려 주세요!

1. 파동이란?
2. **파동의 표현**
3. 파동의 반사
4. 파동의 굴절
5. 파동의 회절
6. 파동의 간섭

"선애야, 너도 선크림 바를래? 햇빛이 강하다고 엄마가 아침에 챙겨 주셨어."

허영심이 선크림을 나선애에게 건네며 말했다. 나선애는 선크림에 적혀 있는 글자를 꼼꼼히 살펴봤다.

"자외선? 자외선이랑 햇빛이랑 같은 건가?"

 ## 파동을 정확히 표현하려면?

과학 시간이 시작되자 나선애가 물었다.

"선생님, 자외선이 뭐예요?"

"자외선은 빛의 한 종류야. 햇빛은 여러 종류의 빛으로 나뉘는데, 자외선이 그중 하나이지."

"오, 빛에도 종류가 있군요! 처음 알았어요. 자외선 말고 또 뭐가 있어요?"

"후후, 바로 알려 주면 재미없지. 빛이 파동이란 건 기억하지? 빛에 어떤 종류가 있는지 알려면 우선 파동의 모습을 표현하는 방법부터 알아야 해. 지난 시간에 배운 횡파를 이용하여 파동을 어떻게 표현하는지 알아보자."

용선생은 화면에 그림을 띄웠다.

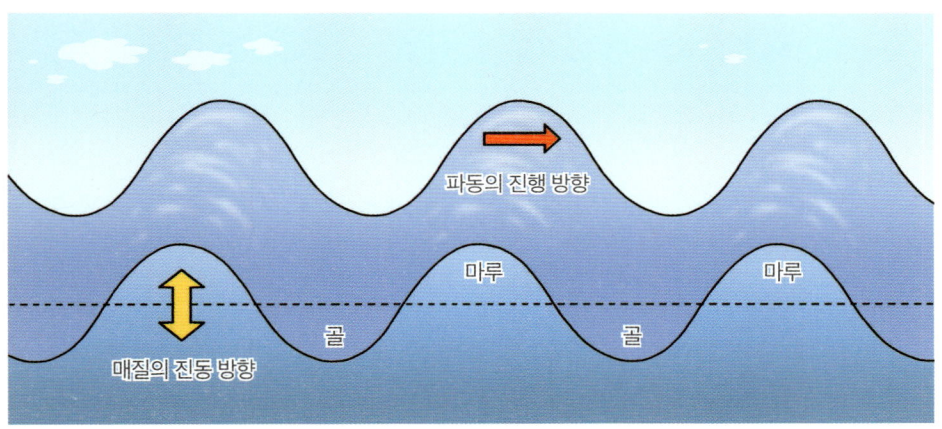

▲ 파동의 표현

"물결파네요!"

"그래. 물결파에서 물결이 가장 높은 곳과 가장 낮은 곳이 보이지? 횡파에서 매질의 위치가 가장 높은 곳을 '마루', 매질의 위치가 가장 낮은 곳을 '골'이라고 해."

"마루, 골…… 어디서 많이 들어 본 말 같아요."

"아마 그럴 거야. 산에서 가장 높은 곳을 산마루, 가장 깊은 곳을 골짜기라고 하잖니."

"오호, 산마루와 골짜기를 생각하면 마루와 골을 기억하기 쉽겠네요."

"마루에서 이웃한 마루, 또는 골에서 이웃한 골까지의 거리는 파장이라고 해."

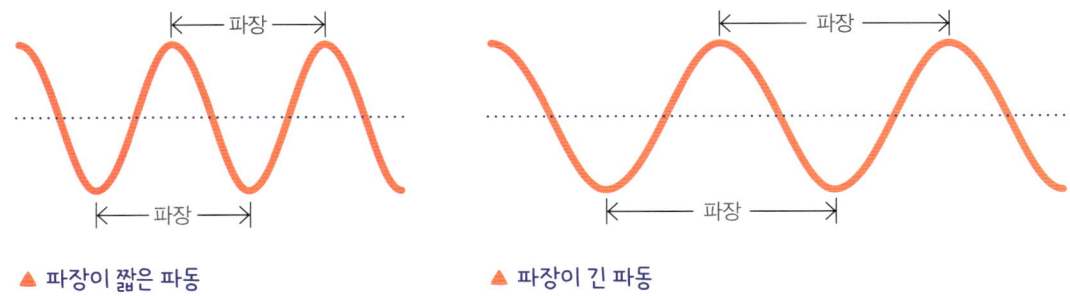

▲ 파장이 짧은 파동   ▲ 파장이 긴 파동

▲ **종파에서의 파장** 종파에서는 이웃한 빽빽한 부분 사이의 거리 또는 이웃한 듬성듬성한 부분 사이의 거리가 파장에 해당해.

"음, 저 거리가 파장이군요."

용선생이 그림을 가리키며 말을 이었다.

"진동 중심에서 마루나 골까지의 거리는 '진폭'이라고 해. 진폭이 크다는 건 매질이 크게 진동한다는 뜻이야."

"진폭은 진동하는 폭과 상관이 있네요!"

"그래. 예를 들어 용수철을 세게 흔들면 진폭이 큰 파동이 만들어져. 소리의 경우에 진폭은 소리가 크고 작은 정

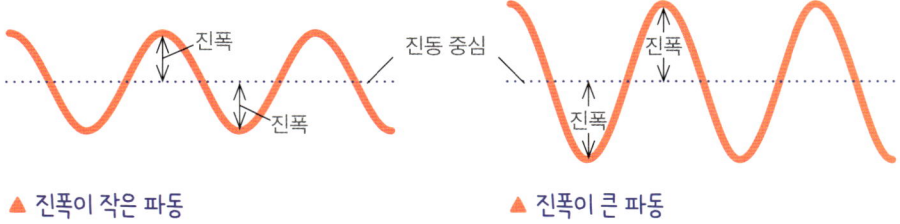

▲ 진폭이 작은 파동   ▲ 진폭이 큰 파동

도와 관계가 있어. 큰 소리는 진폭이 크고, 작은 소리는 진폭이 작아."

아이들이 고개를 끄덕이자 용선생이 말을 이었다.

"진폭을 알면 쓸모 있을 때가 있어. 일기 예보에서 '파고'라는 말을 들어 본 적 있니? 파고는 물결의 높이를 말해. 즉, 진폭의 두 배에 해당하지. 파고가 높으면 물결이 크게 진동하는 큰 파도야."

"아하, 그렇구나! 오늘 저녁 뉴스 때 주의 깊게 들어 봐야겠어요."

▲ 파고가 높은 파도는 진폭이 큰 커다란 파도야.

 핵심정리

횡파에서 매질의 위치가 가장 높은 곳을 마루, 가장 낮은 곳을 골이라고 해. 파장은 마루에서 이웃한 마루, 또는 골에서 이웃한 골까지의 거리야. 진폭은 진동 중심에서 마루나 골까지의 거리이지.

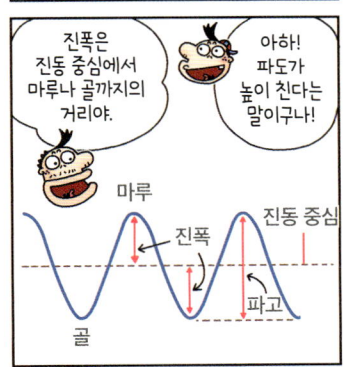
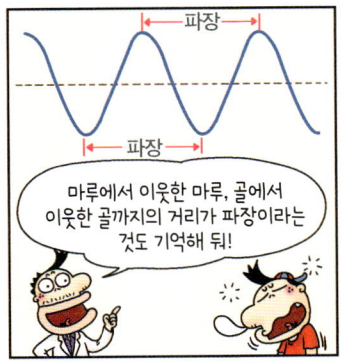

 진동하는 빠르기를 표현하려면?

용선생이 아이들을 둘러본 뒤 물었다.

"방금 화면에서 본 그림은 어느 한순간 물결파의 모습을 나타낸 거야. 그러니까 물결파가 순간적으로 멈췄을 때의 모습이라고 할 수 있지. 그런데 물결파가 실제로 그림처럼 멈춰 있을까?"

"아니요! 물결파는 계속 퍼져 나가고, 물은 계속 출렁이죠. 이렇게요!"

장하다가 양팔을 크게 벌리고 물결이 출렁이는 시늉을 했다.

"하다야, 두 배 더 빠르게 팔을 흔들어 볼래?"

용선생의 말에 장하다가 사정없이 양팔을 흔들었다.

"하다가 좀 전에 표현한 물결파와 두 배 더 빠르게 팔을 흔들어 표현하는 물결파가 같다고 할 수 있을까?"

"아뇨, 달라요! 지금 표현하는 물결파는 물이 훨씬 더 빠르게 출렁거려요!"

"그래. 물이 빠르게 출렁인다는 것은 물이 빠르게 진동한다는 거야. 파동에서 매질이 얼마나 빠르게 진동하는지를 나타내는 말이 있어. 바로 '진동수'야."

"진동수? 혹시 진동하는 횟수란 뜻인가요?"

곽두기가 재빠르게 물었다.

"거의 비슷해. 진동수는 매질이 1초 동안 진동하는 횟수를 말하고, 단위로 Hz(헤르츠)를 사용해. 1초에 한 번 진동하는 파동은 진동수가 1Hz, 1초에 두 번 진동하는 파동은 진동수가 2Hz이지."

"오, 간단하네요!"

"매질이 빠르게 진동할수록 1초 동안 진동하는 횟수가 많아 진동수가 큰 파동이야."

허영심이 용수철을 흔드는 시늉을 하며 물었다.

"그럼 용수철을 빠르게 흔들면 천천히 흔들 때보다 진동수가 더 큰 파동이 생기겠네요?"

"그렇지! 진동수는 앞에서 배운 파장과도 관계가 있어. 진동수가 큰 파동은 파장이 짧고, 진동수가 작은 파동은 파장이 길어."

"진동수와 파장은 서로 반대네요!"

 용선생의 과학 현미경

진동수의 단위인 헤르츠는 독일의 물리학자 하인리히 헤르츠(1857년~1894년)의 이름에서 따온 거야.

하인리히 헤르츠

 용선생의 과학 현미경

진동수가 같아도 파장은 다를 수 있어. 예를 들어 파동이 진행할 때 매질이 달라지면 진동수는 변하지 않지만 파장은 변해.

▲ 용수철을 빠르게 흔들면 진동수가 크고 파장이 짧은 파동이 생겨.

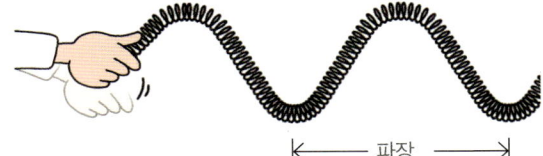

▲ 용수철을 천천히 흔들면 진동수가 작고 파장이 긴 파동이 생겨.

"그래. 진동수와 파장의 관계, 어렵지 않지?"

매질이 1초 동안 진동하는 횟수를 진동수라고 하고, 단위로 Hz(헤르츠)를 사용해. 진동수가 클수록 매질이 빠르게 진동해.

 **사람이 들을 수 없는 소리의 비밀!**

필기를 마친 왕수재가 손을 들고 물었다.

"진폭은 소리가 크고 작은 정도와 상관있었잖아요. 진동수는 무엇과 상관있어요?"

"진동수는 소리가 높고 낮은 정도와 관계가 있어. '도레미파솔라시도'에서 첫 '도'와 끝 '도'는 같은 '도'이지만, 소리의 높이가 달라. 낮은 소리는 진동수가 작고, 높은 소리는 진동수가 커."

"저는 아주 높은 소리도 낼 수 있어요! 도레미파솔라시도레미파솔라…… 아이고, 목이야."

장하다가 목을 어루만지자 아이들이 웃음을 터뜨렸다.

"하하! 사람마다 낼 수 있는 소리의 높낮이는 범위가 정해져 있어. 성인 남자는 아이나 성인 여자보다 더 낮은 소리를 낼 수 있지."

"아, 그렇구나. 그래서 선생님 목소리가 저희 목소리보다 낮은 거군요!"

"그래. 말하는 소리뿐 아니라 사람이 들을 수 있는 소리의 높낮이 범위도 정해져 있단다. 사람은 진동수가 약 20~20,000 Hz 정도의 소리만 들을 수 있어. 이보다 진동수가 크거나 작으면 소리가 아무리 커도 사람이 들을 수 없어."

"오, 신기하네요! 소리가 커도 들을 수 없다니!"

"진동수가 20 Hz보다 작은 소리를 초저주파, 진동수가 20,000 Hz보다 큰 소리를 초음파라고 해. 초저주파는 너무 낮아서, 초음파는 너무 높아서 사람이 들을 수 없는 소리이지."

"그렇군요!"

"그런데 어떤 동물들은 초저주파나 초음파를 들을 수 있어. 코끼리는 초저주파를 들을 수 있고, 개와 고양이는 초음파를 들을 수 있지. 박쥐와 돌고래도 초음파를 들을 수 있어. 돌고래들은 서로 초음파로 대화하기 때문에 사람은 돌고래의 대화를 들을 수 없단다!"

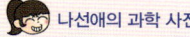

나선애의 과학 사전

초저주파 뛰어넘을 초(超) 낮을 저(低) 골고루 주(周) 물결 파(波). 진동수가 매우 작아서 사람이 들을 수 없는 낮은 소리를 말해.

초음파 뛰어넘을 초(超) 소리 음(音) 물결 파(波). 진동수가 매우 커서 사람이 들을 수 없는 높은 소리를 말해.

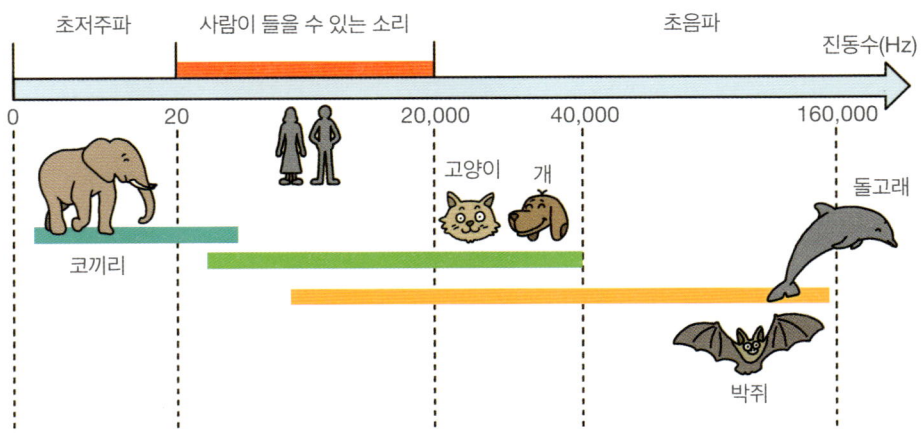

▲ 사람과 동물이 들을 수 있는 소리의 진동수 범위

"돌고래는 우리가 들을 수 없는 소리를 듣는군요!"

"빛도 진동수에 따라 여러 종류로 나뉘는데, 그중에는 사람의 눈으로 볼 수 있는 빛도 있고 볼 수 없는 빛도 있단다."

"흠, 우리가 볼 수 없는 빛도 있다니……."

"사람의 눈으로 볼 수 있는 빛을 가시광선이라고 해. 가시광선은 다시 진동수에 따라 빨주노초파남보 등 여러 색의 빛으로 나뉘어. 빨간색 쪽으로 갈수록 진동수가 작고, 보라색 쪽으로 갈수록 진동수가 큰 빛이야."

"오, 빛의 진동수는 색과 관련이 있군요!"

"사람의 눈으로 볼 수 없는 빛에는 대표적으로 적외선과 자외선이 있어. 적외선은 진동수가 가시광선보다 작아서 우리 눈으로 볼 수 없고, 자외선은 진동수가 가시광선보다 커서 우리 눈으로 볼 수 없지."

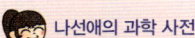

나선애의 과학 사전

가시광선 가능할 가(可) 볼 시(視) 빛 광(光) 선 선(線). 사람의 눈으로 볼 수 있는 빛이야.

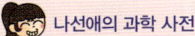

나선애의 과학 사전

적외선 붉을 적(赤) 바깥 외(外) 선 선(線). 빨간색 빛 바깥쪽의 빛이야.

자외선 자줏빛 자(紫) 바깥 외(外) 선 선(線). 보라색 빛 바깥쪽의 빛이야.

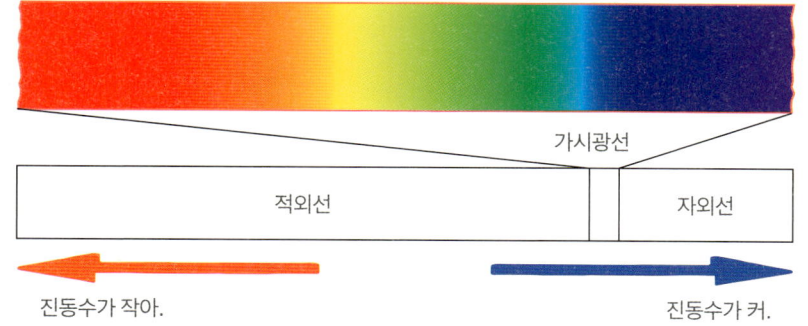

▲ 빛은 진동수에 따라 여러 가지로 나뉘어. 적외선, 가시광선, 자외선으로 갈수록 진동수가 커.

"선크림에 적혀 있는 그 자외선 말인가요?"

"맞아. 자외선을 오래 쬐면 피부가 빨리 늙고, 심지어 화상을 입거나 피부암에 걸릴 수도 있어."

"아, 그래서 선크림을 발라 자외선을 막는 거군요!"

왕수재가 고개를 끄덕이더니 허영심에게 물었다.

"영심아, 나도 네 선크림을 좀 발라도 될까?"

"물론이지."

다른 아이들도 왕수재를 따라 허영심의 선크림을 바르기 시작했다.

"하하하! 모두 야외에 나갈 준비가 되었구나. 그럼 오늘 수업은 여기까지 하고 운동장에 나가자!"

핵심정리

소리와 빛은 진동수에 따라 여러 가지로 나뉘어. 사람은 일정한 범위의 소리만 귀로 들을 수 있고, 일정한 범위의 빛만 눈으로 볼 수 있어.

나선애의 정리노트

1. 파동의 표현
① ⓐ [ ] : 마루에서 이웃한 마루, 골에서 이웃한 골까지의 거리
② ⓑ [ ] : 진동 중심에서 마루나 골까지의 거리

③ ⓒ [ ] : 매질이 1초 동안 진동하는 횟수
- 단위: Hz(헤르츠)
- 진동수가 클수록 매질이 빠르게 진동함.

2. 진동수에 따른 소리의 분류
① 사람은 진동수가 약 20~20,000 Hz 정도의 소리만 들을 수 있고, 초저주파와 초음파는 들을 수 없음.
② ⓓ [ ] : 진동수가 20 Hz보다 작은 소리
③ ⓔ [ ] : 진동수가 20,000 Hz보다 큰 소리

3. 진동수에 따른 빛의 분류
① 가시광선: 사람의 눈으로 볼 수 있음.
② 적외선: 진동수가 가시광선보다 작아 볼 수 없음.
③ 자외선: 진동수가 가시광선보다 커 볼 수 없음.

ⓐ 파장 ⓑ 진폭 ⓒ 진동수 ⓓ 초저주파 ⓔ 초음파

 # 과학퀴즈 달인을 찾아라!

●정답은 111쪽에

01

친구들이 이번 시간에 배운 내용에 대해 이야기하고 있어. 옳으면 O, 옳지 않으면 X를 표시해 줘.

① 용수철을 세게 흔들면 진폭이 큰 파동이 생겨. (   )
② 용수철을 빠르게 흔들면 진동수가 큰 파동이 생겨. (   )
③ 사람은 모든 진동수의 소리를 들을 수 있어. (   )

02

곽두기가 장난감 블록을 바구니에 담아 정리하려고 해. 그런데 블록에 적힌 낱말이 바구니에 적힌 낱말과 관련되도록 블록을 담아야 한대. 곽두기가 블록을 빨리 정리할 수 있도록 블록을 어떤 바구니에 담아야 할지 선으로 연결해 줘.

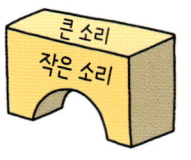 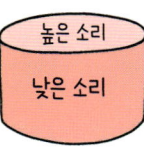   

| 용선생의 과학 카페 | 용선생의 한국사 카페 | 용선생의 세계사 카페 |

https://cafe.naver.com/yongyong

용선생의 과학 카페

과학계의 핵인싸, 용선생의 과학 카페에 오신 걸 환영합니다.

Log in

MENU
- 물리면 아프다
- 화학이 화하하
- 생물 오징어
- 지구는 둥글다

초저주파로 대화하는 동물들

사람은 초저주파를 들을 수 없는데, 코끼리가 초저주파로 대화한다는 것을 어떻게 알게 됐을까? 미국 코넬대학교의 동물학자들은 어느 날 아주 멀리서 천둥이 칠 때와 같은 울림이 반복되는 걸 들었어. 구름 한 점 없는 맑은 날이었는데 말이지. 주변에 코끼리 세 마리가 있어서 혹시나 하고 코끼리 소리를 녹음하여 컴퓨터로 분석한 결과 코끼리가 초저주파를 낸다는 것을 알게 됐어.

소리는 진동수가 작을수록 멀리 전달돼. 코끼리가 내는 소리는 낮에는 4 km(킬로미터), 밤에는 10 km까지 전달될 수 있어서 코끼리는 아주 먼 곳에 있는 동료와도 대화할 수 있어. 코끼리가 대화하고 있는지 알려면 코끼리 이마를 보면 돼. 코끼리가 초저주파를 낼 때에는 이마가 끊임없이 실룩거리거든.

▲ **코끼리** 무리를 지어 사는 코끼리에게 의사소통은 매우 중요해. 코끼리는 무려 100개도 넘는 단어를 사용해. 그래서 코끼리 떼는 군대처럼 움직일 수 있어.

기린은 울음소리를 내지 못하는 동물로 알려졌는데, 최근에 초저주파를 내어 대화한다는 것이 밝혀졌어. 사자나 표범처럼 기린을 잡아먹는 동물은 기린이 내는 낮은 소리를 들을 수 없을 테니 기린에게는 정말 다행스러운 일이지?

새들은 짝짓기 철이 되면 우렁차게 울어 대. 뇌조라는 새도 마찬가지인데, 이상하게 유럽에 사는 검은뇌조는 울음소리가 작았어. 그래서 검은뇌조가 내는 소리를 녹음해 분석해 봤더니 바로 초저주파였어. 짝을 부르는 검은뇌조의 소리는 비록 우리에게는 들리지 않지만 다른 새들이 내는 소리보다 훨씬 멀리 퍼질 거야.

▲ 기린

▲ 검은뇌조

- 장하다의 오답을 피하는 방법
- 나선애의 야무진 실험실
- 왕수재의 아는 척 과학교실
- 허영심의 별 헤는 밤
- 곽두기의 빅뱅 따라잡기

COMMENTS

- 나도 초저주파로 대화하고 싶다!
  └ 왜?
  └ 수업 시간에 떠들어도 안 들킬 테니까!
  └ 하여튼 놀 생각만 한다니까!

"이것 좀 봐! 박쥐는 어두운 동굴에 살면서 밤에 사냥을 한대. 게다가 시력도 엄청 나쁘대!"

잡지를 보던 장하다가 깜짝 놀란 목소리로 말했다. 왕수재가 미심쩍은 목소리로 물었다.

"시력도 나쁜데 밤에 사냥을 한다고? 어떻게?"

"내 말이!"

 ## 파동이 장애물을 만나면?

"박쥐에게는 다 방법이 있지!"

어느새 나타난 용선생이 말했다.

"박쥐는 사람한테 없는 특별한 능력이 있나 봐요!"

"박쥐는 눈으로 직접 볼 수 없어도 파동을 이용하여 물체의 위치나 크기 등을 알아낼 수 있어."

"파동을 이용한다고요? 어떻게요?"

"수영장에서 수영할 때 물결이 수영장 벽에 부딪히고 나면 어떻게 되는지 기억하니?"

"음……. 물결이 벽에 부딪혔다 되돌아 나와요!"

"정확히 봤구나. 물결도 파동이라고 했지? 물결파가 벽에 부딪히면 방향이 바뀌어 되돌아 나오는 것처럼 파동이 진행하다가 장애물을 만나면 되돌아 나와. 이런 현상을 '파동의 반사'라고 해."

"바닷가에서도 파도가 바위나 절벽에 부딪히면 되돌아 나오잖아요? 그것도 파동이 반사되는 거예요?"

▲ 물결파가 바위에 부딪혀 반사되는 모습

"그렇지! 빛도 파동이라고 했지? 빛도 장애물을 만나면 반사돼. 레이저 빛을 이용하여 파동이 반사되는 걸 직접 관찰해 보자."

"네, 좋아요!"

용선생은 과학실을 어둡게 한 뒤, 거울 면에 레이저 빛을 비스듬히 비췄다.

 용선생의 과학 현미경

레이저 빛은 햇빛과 다르게 한 가지 진동수만 갖는 빛이야. 가늘고 퍼지지 않아 실험하기 적당해.

 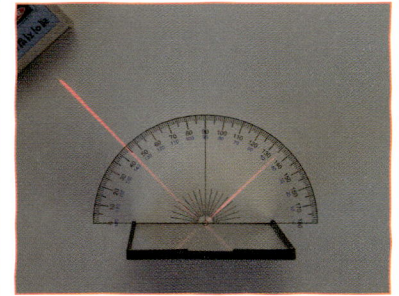

거울

▲ 빛의 반사 빛이 거울 면에 들어가는 각에 따라 반사돼 나오는 각이 달라져.

"오, 빛이 거울 면에서 반사되는 게 보여요!"

"빛이 거울 면에 들어가는 각에 따라 빛이 반사돼 나오는 각도 달라지네요!"

"그렇단다! 거울 면과 직각(90°)을 이루는 선을 그었을 때 이 선을 기준으로 빛이 거울 면에 들어갈 때의 각과 반사되어 나올 때의 각은 항상 같아. 이걸 '반사 법칙'이라고 하지."

"아하, 그래서 레이저 빛이 거울 면에 가까이 기울어 들어가면 반사돼 나오는 빛도 거울 면에 가까이 기울어 나오는 거군요!"

"그렇지! 빛뿐 아니라 파동은 모두 반사 법칙을 따른단다. 물결파도 마찬가지야. 이 사진을 보렴."

"와, 방파제 한쪽에 무슨 무늬가 있어요!"

"물결파가 반사될 때에도 반사 법칙을 따르는데, 방파제로 들어가는 물결파와 반사돼 나오는 물결파가 겹쳐져 이

빛이 들어갈 때의 각과 반사돼 나올 때의 각은 같아.

▲ 반사 법칙

▲ 물결파가 방파제에 반사되어 무늬가 생겨.

런 X자 무늬가 생긴 거야."

"오, 반사 때문에 생긴 무늬라니, 참 신기해요!"

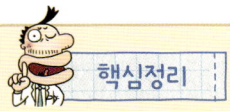

파동이 진행하다가 장애물을 만나 되돌아오는 현상을 파동의 반사라고 해. 파동이 물체에 들어갈 때의 각과 반사돼 나올 때의 각은 항상 같아.

 **박쥐가 먹이를 찾는 방법!**

"소리도 파동이잖아요. 소리도 장애물을 만나면 반사되겠네요?"

"그럼! 소리도 반사되지. 너희들도 반사된 소리를 한 번

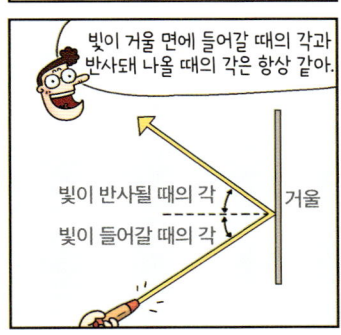

쯤은 들어 본 적이 있을 거야."

"정말요? 언제요?"

아이들이 고개를 갸웃하며 물었다.

"바로 메아리야!"

"메아리요? 산에서 '야호!' 하고 외치면 조금 이따 다시 '야호!' 하고 들리는 소리요?"

"그래. 메아리는 사람들이 외친 소리가 맞은편 산이나 절벽에 부딪혀서 되돌아오는 소리야. 한마디로 소리가 반사된 거지."

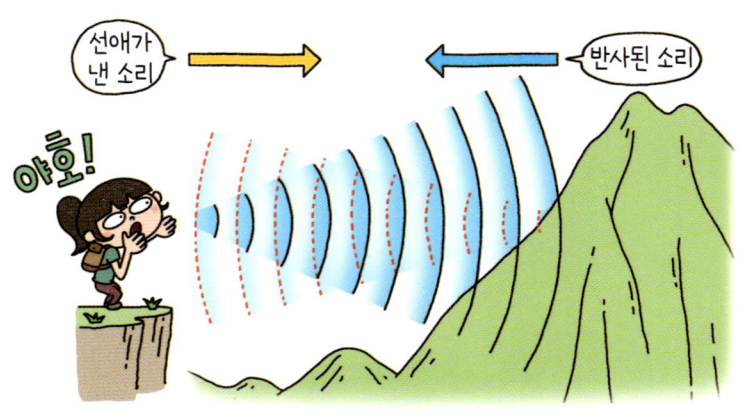

▲ 메아리는 소리가 반사된 거야.

"그렇군요. 다음에 산에 가면 꼭 '야호' 하고 외쳐 봐야겠어요."

"메아리를 잘 들어 보면 재밌는 사실을 알 수 있어."

"그게 뭔데요?"

"맞은편 산이나 절벽이 멀리 떨어져 있을수록 메아리가 한참 있다 들려. 그래서 메아리가 되돌아오는 데 걸리는 시간을 알면 물체까지의 거리가 얼마인지 알 수 있지."

"메아리로 거리를 알아낸다고요? 어떻게요?"

"소리의 빠르기는 공기 중에서 거의 일정해. 1초에 약

340 m(미터)를 이동하지. 만약 소리를 지르고 2초 뒤 메아리가 들렸다면, 소리가 물체까지 가는 데 1초, 물체에 반사돼 되돌아오는 데 1초가 걸린 셈이야."

"그렇겠네요!"

"소리는 1초에 340 m를 가니까, 물체까지의 거리가 340 m라는 걸 알 수 있지."

"오, 간단하네요!"

"만약 소리를 지르고 2초가 지나기 전에 메아리가 들렸다면 물체가 340 m보다 더 가까이 있다는 걸 알 수 있어. 반대로 메아리가 들리는 데 2초보다 더 걸렸다면……."

"물체가 340 m보다 더 멀리 있다는 거고요!"

"그렇지! 이처럼 소리가 반사되어 되돌아오는 데 걸리는 시간을 재면 물체까지의 거리가 얼마인지 알 수 있어. 메아리로 물체의 위치를 정확히 알아내는 동물 중 하나가 바로 박쥐야! 박쥐는 초음파를 이용하지."

"초음파는 사람이 들을 수 없는 매우 높은 소리죠?"

"맞아. 박쥐는 눈이 거의 퇴화해서 시력이 매우 나빠. 하지만 초음파를 낸 뒤, 초음파가 다른 물체에 부딪혀 되돌

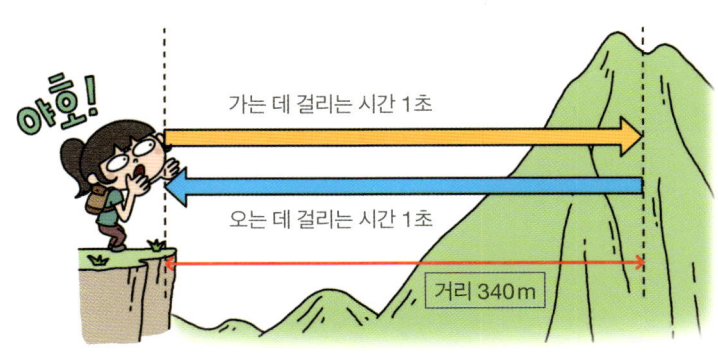

▲ 메아리가 되돌아오는 데 2초가 걸렸다면 물체까지의 거리가 340 m라는 걸 알 수 있어.

> **곽두기의 낱말 사전**
>
> **퇴화** 물러날 퇴(退) 될 화(化). 생물 몸체의 일부가 모양이 단순해지고 크기가 작아지는 등 그 기능을 잃게 되는 변화를 말해.

아오는 데 걸리는 시간으로 물체가 어디에 있는지, 얼마나 멀리 떨어져 있는지 알아낼 수 있어."

▲ 박쥐는 초음파의 반사를 이용하여 물체의 위치와 거리를 알아내.

"아하! 박쥐는 초음파의 반사를 이용하여 눈으로 보지 않고도 사냥을 할 수 있는 거군요!"

"그렇단다. 돌고래도 박쥐처럼 초음파의 반사를 이용하여 어두운 바닷속에서 먹이나 물체의 위치를 알아내. 돌고래는 바닷속이 아무리 시끄러워도 자신이 낸 초음파의 반사음만 골라서 들을 수 있어."

▲ 돌고래는 초음파의 반사를 이용하여 먹이나 물체의 위치를 알아내.

"와. 박쥐도, 돌고래도 정말 대단해요!"

핵심정리

메아리는 소리가 반사된 거야. 박쥐와 돌고래는 초음파의 반사를 이용하여 물체의 위치를 알아내.

 ## 파동의 반사를 이용하는 장치!

"박쥐와 돌고래만 파동의 반사를 이용하는 건 아니야. 사람도 파동의 반사를 이용한단다!"

"사람은 초음파를 내지도, 듣지도 못하는데요?"

아이들의 눈이 휘둥그레졌다.

"사람은 박쥐나 돌고래처럼 직접 초음파를 내거나 듣지는 못하지만, 과학 기술을 이용하여 초음파를 만들고 분석할 수 있어. 대표적인 게 초음파 의료 기기야. 초음파가 나오는 장치를 신체에 갖다 댄 뒤, 초음파가 반사되는 모양으로 신체 내부의 상태나 엄마 뱃속에 있는 태아의 모습 등을 알아내지."

"전에 태아 사진을 본 적이 있는데, 그게 소리로 찍은 거

 용선생의 과학 현미경

우리 몸은 장기, 뼈, 혈액, 지방 등 다양한 물질로 이루어져 있어. 초음파가 우리 몸속을 통과할 때 내부 물질이 달라지면 물질의 표면에서 반사가 일어나. 반사된 초음파를 분석하면 신체 내부의 모습을 알아낼 수 있어.

 나선애의 과학 사전

태아 아이 밸 태(胎) 싹 아(芽). 사람의 경우 엄마 뱃속에 생긴 지 7주가 넘은 아기를 말해.

였다니 신기하네요!"

"초음파로 물고기 떼의 위치나 바닷속 땅의 모양도 알아낼 수 있어. 바닷속으로 초음파를 쏘아 초음파가 물고기 떼나 바닥에서 반사되어 되돌아오는 데 걸리는 시간을 재어 물고기 떼가 어디에 있는지, 바닷속 땅 모양이 어떻게 생겼는지 알아내는 거야."

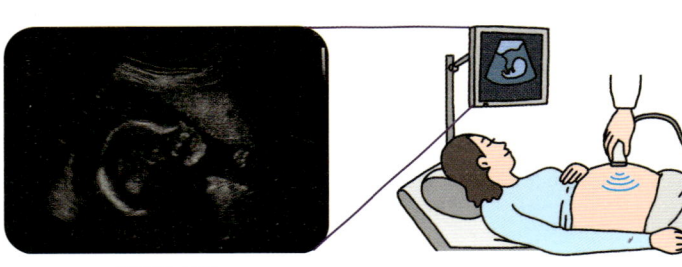

초음파 사진

▲ 초음파의 반사를 이용하여 신체 내부나 태아의 모습을 알아내.

▲ 초음파의 반사를 이용하여 바닷속 물고기의 위치나 땅 모양을 알아내.

"와! 그렇게 하면 넓은 바다에서도 물고기를 쉽게 찾을 수 있겠네요!"

용선생은 고개를 끄덕이며 말을 이었다.

"초음파는 자동차에도 쓰여. 주차할 때 차 뒤쪽에서 '삐' 하는 경고음이 나는 걸 들어 본 적 있니?"

"네, 있어요! 부모님이 주차하실 때 '삐' 소리가 자주 났어요."

"그것도 초음파의 반사를 이용하는 거야. '삐' 소리가 나는 자동차 뒷면에는 후방 감지기라는 장치가 달려 있어. 자동차 후방 감지기는 초음파를 만들어 내보낸 뒤 초음파가 물체에서 반사되어 되돌아오는 데 걸리는 시간으로 자동차에서 물체까지의 거리를 알아내. 물체가 자동차에 가까이 있으면 '삐' 하는 경고음을 내어 알려 주지."

▲ 자동차 후방 감지기는 초음파의 반사를 이용하여 자동차에서 물체까지의 거리를 알아내.

"와, 초음파의 반사를 주차할 때에도 이용한다니, 신기하다!"

"빛의 반사를 이용하는 장치도 있어. 바로 레이더야. 레이더는 물체에 빛을 쏘아 물체에서 반사된 빛을 이용하여 물체의 위치를 알아내는 장치야."

"오, 초음파뿐 아니라 빛의 반사를 이용할 수도 있군요. 근데 어떤 빛이요? 빛

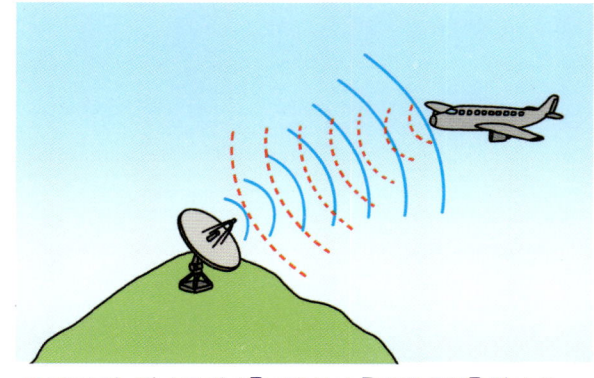

▲ 레이더는 전파의 반사를 이용하여 물체의 위치를 알아내.

에도 여러 종류가 있다고 하셨잖아요."

"레이더는 전파를 이용해. 지난번에 적외선은 가시광선보다 진동수가 작아서 우리 눈으로 볼 수 없다고 했지? 전파는 적외선보다도 진동수가 작은 빛이야."

"그렇군요. 전파라는 말은 많이 들어 봤어요!"

"레이더는 전쟁 중 비행기의 위치를 알아내기 위해 처음 개발됐어. 요즘은 비행기나 배에서 주변에 장애물 등이 있는지 알아낼 때 쓰고, 공항 관제탑에서 비행기의 정확한 위치를 파악할 때에도 써. 또 비구름의 위치, 두께, 이동하는 빠르기 등을 관측하고 태풍의 위치 등을 알아낼 때에도 레이더가 쓰이지."

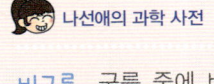

나선애의 과학 사전

비구름 구름 중에 비나 눈을 내리게 하는 구름을 말해.

관측 볼 관(觀) 잴 측(測). 맨눈이나 도구를 이용해 날씨나 우주 같은 자연 현상을 관찰하는 것을 말해.

▲ 기상 레이더 날씨를 관측하는 레이더야.

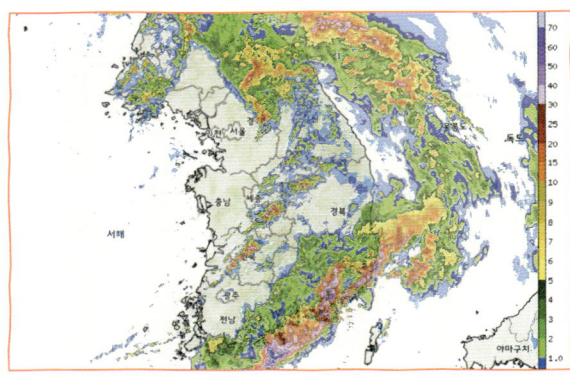

▲ 기상 레이더 관측 결과

"와, 레이더는 쓰이는 곳이 참 많네요. 그런데 왜 초음파가 아니라 빛을 쓰는 거예요?"

"빛은 초음파보다 훨씬 빠르고 아주 멀리까지 갈 수 있어. 게다가 초음파와 같은 소리는 공기 중에 있는 먼지나 수증기의 양, 온도의 영향을 많이 받아서 멀리 있는 물체에 대한 정보를 정확히 알아내기에는 적당하지 않아."

"빛을 사용하는 게 더 정확하겠군요!"

"반면에 빛은 초음파와 달리 물속 깊은 곳까지 들어가지 못해. 그래서 바닷속 정보를 알아낼 때에는 초음파를 쓰는 거지."

"오호, 각각 장단점이 있네요."

"사람이 파동의 반사를 이용해서 만든 첨단 기기도 멋지지만, 저는 박쥐와 돌고래가 더 대단한 것 같아요. 저에게도 그런 능력이 있다면 얼마나 좋을까요?"

장하다가 초음파로 앞을 보는 상상이라도 하는 듯 눈을 감고 말했다.

"하다야, 소리의 반사라면 과학반에서 네가 제일이지! 목소리가 제일 크니 메아리도 제일 클 거 아니겠어?"

나선애의 말에 아이들이 모두 웃음을 터뜨렸다.

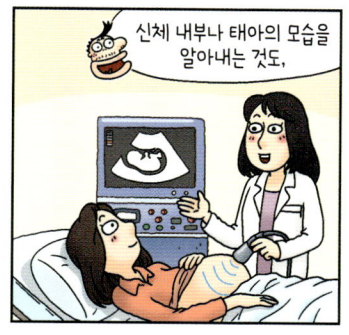

신체 내부나 태아의 모습을 알아내는 것도,

바닷속 물고기 떼의 위치나 땅의 모양을 알아내는 것도,

자동차 가까이 물체가 있는지 알아내는 것도,

관제탑에서 비행기의 위치를 알아내는 것도 파동의 반사를 이용하는 거지.

핵심정리

초음파 의료 기기와 자동차 후방 감지기는 초음파의 반사를 이용하고, 레이더는 빛의 일종인 전파의 반사를 이용해.

# 나선애의 정리노트

1. 파동의 반사
① 파동이 진행하다가 장애물을 만나 되돌아오는 현상
  [예] 산에서 소리를 지르면 잠시 후 ⓐ [　　　] 가 들림.
② 반사 법칙: 파동이 물체에 들어갈 때의 각과 반사돼 나올 때의 각은 항상 같음.

2. 파동의 반사를 이용하는 동물
① 파동이 반사되어 되돌아오는 데 걸리는 ⓑ [　　　] 으로 물체까지의 거리를 알아낼 수 있음.
② ⓒ [　　　] 와 돌고래는 초음파의 반사를 이용하여 물체의 위치와 거리를 알아냄.

3. 파동의 반사를 이용하는 과학 기술
① ⓓ [　　　] 의 반사를 이용
  • 신체 내부나 태아의 모습을 알아냄.
  • 물고기 떼의 위치나 바닷속 땅의 모양을 알아냄.
  • 주차할 때 자동차에서 물체까지의 거리를 알아냄.
② 전파의 반사를 이용
  • ⓔ [　　　] : 비행기나 배의 위치를 알아내고, 날씨를 관측함.

ⓐ 메아리 ⓑ 시간 ⓒ 박쥐 ⓓ 초음파 ⓔ 레이더

과학퀴즈 : 달인을 찾아라!

● 정답은 111쪽에

01

친구들이 이번 시간에 배운 내용에 대해 이야기하고 있어. 옳으면 O, 옳지 않으면 X를 표시해 줘.

① 파동이 진행하다 장애물을 만나면 파동이 사라져. (   )
② 메아리는 소리가 반사된 거야. (   )
③ 박쥐와 돌고래는 빛의 반사를 이용해. (   )

02

장하다가 동굴에 갇혔어. 파동의 반사와 관련된 낱말을 따라 가면 동굴 속 미로를 쉽게 빠져 나갈 수 있대. 장하다가 동굴을 빠져 나갈 수 있게 도와줘.

교과연계

초 **3-2** 소리의 성질
초 **6-1** 빛과 렌즈
중 **1** 빛과 파동

"벌써 어두워지네! 두기야, 그만 놀고 들어가자!"

장하다가 바닥에서 공을 집어 들며 말했다. 그러자 곽두기가 조르듯 말했다.

"형, 조금만 더 놀다 가자!"

"안 돼! 엄마가 밤에 놀이터에서 놀면 낮보다 시끄러워서 이웃에게 방해된다고 했어!"

"밤에 더 시끄럽다고? 왜?"

"그건 나도 모르지! 내일 과학 시간에 여쭤보자!"

파동이 다른 매질을 만나면?

용선생이 아이들의 말을 듣고 말했다.

"그건 파동의 특별한 성질 때문이야. 어떤 성질인지는 실험으로 알아보자."

"네, 좋아요!"

"소리와 빛 둘 다 파동이라는 것 알고 있지? 소리 대신 지난번처럼 눈으로 직접 관찰할 수 있는 레이저 빛을 이용하여 실험해 보자."

용선생은 투명한 수조에 물을 담고 우유를 한 방울 떨어뜨린 뒤, 물 위에 향 연기를 피웠다. 그리고 수조를 투명 아크릴판으로 덮었다.

"레이저 빛이 공기에서 물로 들어가는 각을 달리하며 비춰 볼 테니 빛이 나아가는 방향을 잘 보렴."

> **용선생의 과학 현미경**
>
> 맑은 공기나 물에서는 빛이 나아가는 모습이 잘 보이지 않아. 공기 중에 향을 피우거나 물에 우유를 조금 타면 빛이 연기나 우유 알갱이에 부딪쳐 우리 눈으로 들어오기 때문에 빛이 나아가는 모습을 잘 볼 수 있어.

▲ 빛이 물 표면에 수직으로 들어갈 때

▲ 빛이 물 표면에 비스듬히 들어갈 때

"오, 빛이 물로 비스듬히 들어가니까 방향이 꺾여요!"

"빛이 공기와 물의 경계면에서 진행 방향이 꺾이는 것처럼 파동이 진행하다가 성질이 다른 매질을 만나면 경계면

> **곽두기의 낱말 사전**
>
> 경계면 공기와 물이 닿는 면처럼 서로 섞이지 않는 두 물질 사이에 있는 면을 말해.

에서 방향이 꺾여. 이런 현상을 '파동의 굴절'이라고 해."

"근데 빛이 물에 수직으로 들어갈 때에는 방향이 꺾이지 않는데요?"

"맞아. 굴절은 파동이 두 매질의 경계면에 비스듬히 들어갈 때에만 일어나거든. 파동이 경계면에 수직으로 들어갈 때에는 굴절이 일어나지 않아."

용선생이 왕수재의 안경을 가리키며 말을 이었다.

"빛이 공기 중에서 안경의 렌즈로 들어가거나 렌즈에서 공기 중으로 나갈 때에도 굴절이 일어나. 안경은 빛의 굴절을 이용하는 거지. 콘택트렌즈도 마찬가지이고."

"오호, 제 안경이 파동의 굴절을 이용하는 거군요!"

왕수재가 안경을 쓱 올리며 말했다.

"빨대 일부가 물속에 잠겨 있을 때 빨대가 꺾여 보였던 적 있니?"

"네, 있어요! 빨대는 멀쩡한데도 말이죠!"

"그것도 빛이 공기와 물의 경계면에서 굴절하기 때문에 나타나는 현상이야. 빛의 진행 방향이 꺾여 빨대가 꺾인 것처럼 보이는 거지."

"빛의 방향이 꺾이는 건 알겠는데, 그렇다고 왜 물속의 빨대가 꺾여 보이는지는 잘 모르겠어요."

▲ 빛의 굴절 때문에 일부만 물에 잠긴 빨대가 꺾인 것처럼 보여.

장하다가 머리를 긁적이며 말했다.

"우리가 물체를 보는 것은 물체에서 반사된 빛이 우리 눈으로 들어오기 때문이야. 물속의 빨대도 마찬가지야. 물속의 빨대에서 반사돼 나오는 빛이 공기를 지나 우리 눈으로 들어와 우리가 빨대를 보게 되는 거지."

"그런데요?"

"빛이 물에서 공기 중으로 나올 때 굴절하는데, 우리 뇌는 빛이 굴절하지 않고 똑바로 온다고 생각해. 그래서 실제보다 더 위쪽에서 빛이 나온 것으로 착각해 빨대가 위쪽으로 꺾인 것처럼 보이는 거야."

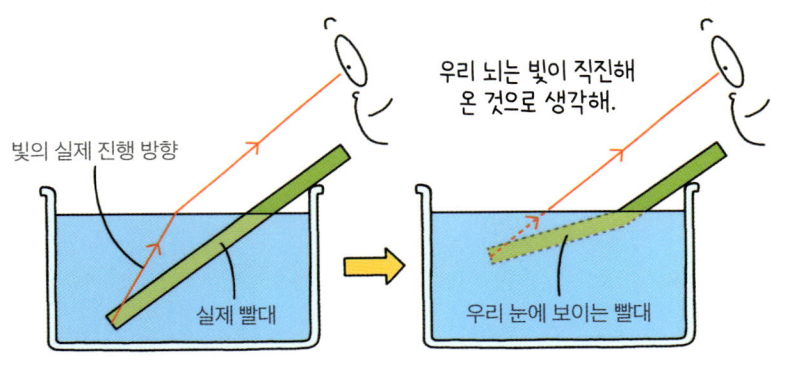

▲ 일부만 물에 잠긴 빨대가 꺾여 보이는 까닭

▲ 수영장에 서 있을 때 다리가 실제보다 짧아 보이는 것도 빛이 굴절하기 때문이야.

"아하, 그렇구나!"

그때 곽두기가 고개를 갸우뚱하며 물었다.

"근데 파동이 다른 매질로 들어가면 왜 방향이 꺾이는

거예요?"

"매질이 달라지면 파동의 빠르기가 달라지거든. 예를 들어 볼게. 두기야, 너 혹시 수레를 밀어 본 적 있니?"

"네, 있어요."

"아스팔트보다 잔디에서 수레를 밀 때 더 힘들지 않았니? 수레바퀴가 아스팔트보다 잔디에서 더 느리게 굴러가기 때문이야. 만약 수레가 아스팔트에서 잔디로 비스듬히 들어가면 어떻게 될지 생각해 보자."

"비스듬히 들어간다면…… 한쪽 바퀴만 먼저 잔디로 들어가겠네요?"

▲ 수레바퀴의 빠르기가 아스팔트와 잔디에서 달라, 둘의 경계면에서 수레의 진행 방향이 꺾여.

"그렇지. 그럼 수레 양쪽 바퀴의 빠르기가 서로 달라져 수레가 똑바로 가지 못하고, 빠르기가 느린 쪽으로 방향이 꺾여. 파동이 굴절하는 것도 마찬가지야. 파동이 비스듬히 다른 매질로 들어가면 파동의 빠르기가 달라져 진행 방향이 꺾이는 거야."

"빛의 빠르기도 공기와 물속에서 달라요?"

"그렇단다. 빛은 공기보다 물속에서 느리게 진행해. 그래서 공기와 물의 경계면에서 빛의 진행 방향이 꺾이는 거야.

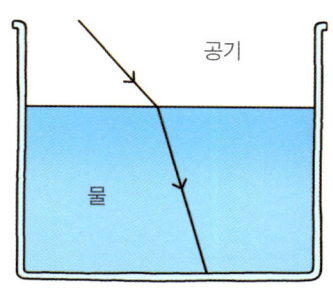

▲ 빛의 빠르기가 공기와 물에서 달라, 둘의 경계면에서 빛의 진행 방향이 꺾여.

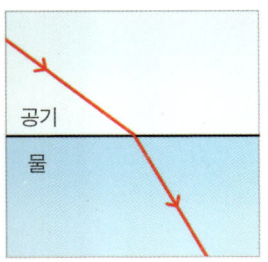 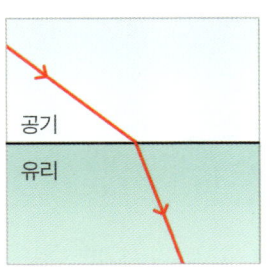 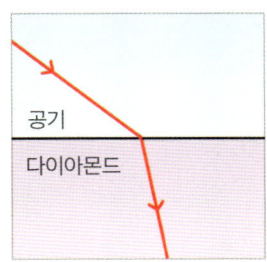

▲ 매질에 따라 빛의 빠르기가 달라 굴절하는 정도가 달라.

유리나 다이아몬드에서는 빠르기가 더 느리지. 그래서 빛이 공기에서 유리나 다이아몬드로 들어가면 물로 들어갈 때보다 방향이 더 많이 꺾여."

"아하, 매질이 달라지면 빛의 빠르기가 달라져 굴절하는 정도도 달라지는군요!"

 **핵심정리**

파동이 진행할 때 성질이 다른 매질의 경계면에서 진행 방향이 꺾이는 현상을 파동의 굴절이라고 해. 매질이 달라지면 파동의 빠르기가 달라져 굴절이 일어나.

 ## 신기루가 생기는 까닭은?

"재밌는 걸 하나 알려줄까? 매질이 달라지지 않을 때에도 굴절이 일어날 수 있어. 예를 들어 빛이 공기 중에서만 진행할 때에도 굴절이 일어날 수 있지."

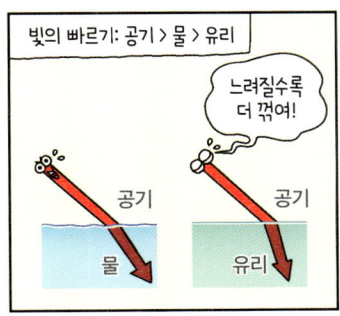

"흠, 어떻게요?"

"같은 매질이라도 온도가 달라지면 파동의 빠르기가 달라지거든. 파동이 매질을 통과할 때 온도가 다른 층을 만나면 빠르기가 달라져 굴절이 일어나."

"아하, 그렇구나! 근데 언제 그런 경우가 생기나요?"

용 선생이 "이걸 보렴." 하며 화면에 사진을 띄웠다.

▲ 공기의 온도가 달라지면 빛이 굴절하여 물이 없는 곳에 물이 있는 것처럼 보여.

"도로와 사막 끝에 뭐가 보이니?"

"물이 보여요!"

"하하하, 실제로 물은 없어. 단지 그렇게 보일 뿐이지."

"정말요? 물이 없는데 왜 물이 있는 것처럼 보이죠?"

"매질의 온도가 달라져 빛이 굴절하기 때문이야. 여름 한낮에는 햇빛이 강해 도로와 사막이 뜨겁게 달궈져서 땅 부근의 공기가 위쪽 공기보다 온도가 높아."

"위쪽 공기는 차고, 아래쪽 공기는 따뜻하다는 거죠?"

"응. 빛의 빠르기는 공기의 온도가 높을수록 빨라. 물체에서 반사된 빛이 땅 근처에서 따뜻한 공기를 만나면 빠르기가 달라져 굴절이 일어나서 빛의 진행 방향이 휘게 돼."

"오호, 그렇군요."

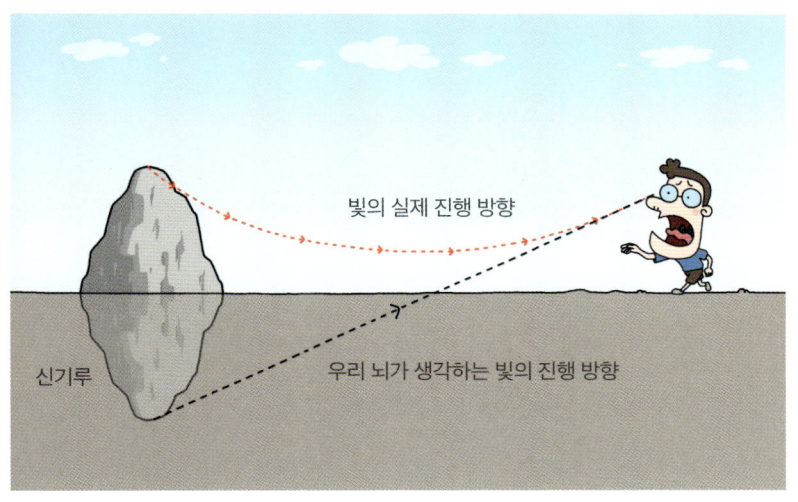

▲ 신기루의 원리

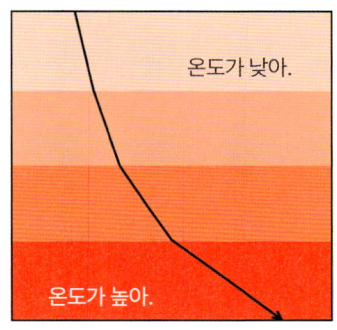

▲ 땅 근처로 갈수록 공기의 온도가 높아 빛의 빠르기가 빨라져 굴절이 일어나.

"빛은 방향이 휘어 우리 눈에 들어오지만, 우리 뇌는 빛이 똑바로 온 것으로 생각해서 땅에 물이 있고, 그 물에 물체가 반사됐다고 착각하지. 이처럼 빛이 굴절하여 물체의 실제 위치가 아닌 곳에서 물체를 보게 되는 현상을 신기루라고 해."

 핵심정리

매질의 온도가 달라지면 파동의 빠르기가 달라져 굴절이 일어나. 신기루는 빛이 온도가 다른 매질을 통과할 때 굴절하여 나타나는 현상이야.

 밤에 소리가 더 잘 들리는 까닭은?

아이들이 고개를 끄덕이자 용선생이 말을 이었다.

"비슷한 현상이 소리에서도 나타나. 소리도 빛과 마찬가지로 온도가 높은 곳에서 빨라지거든."

"흠, 소리가 굴절하면 어떤 현상이 나타나나요?"

"낮과 밤으로 나누어 생각해 보자. 한낮에는 햇볕에 땅이 달구어져 땅 근처 공기가 위쪽 공기보다 온도가 높아. 그래서 위로 올라갈수록 소리의 빠르기가 느려져 소리가 위쪽으로 굴절해. 땅에서 멀어지는 방향으로 소리가 굴절하니 낮에는 땅 근처에서 소리가 덜 들리지."

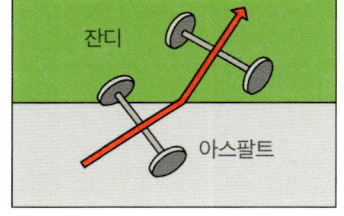

▲ 파동이 빠르기가 느려지는 쪽으로 진행하면 경계면에서 멀어지는 쪽으로 방향이 휘어.

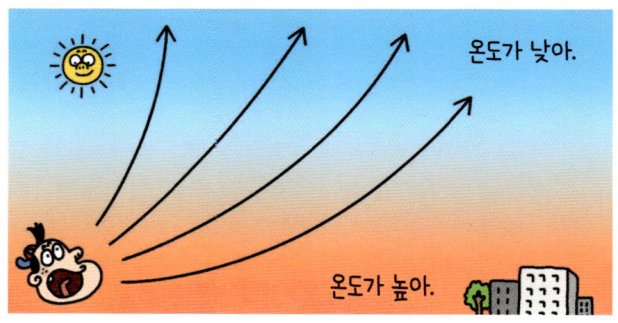

▲ 낮에는 아래쪽 공기가 위쪽 공기보다 온도가 높아 소리가 위쪽으로 굴절해.

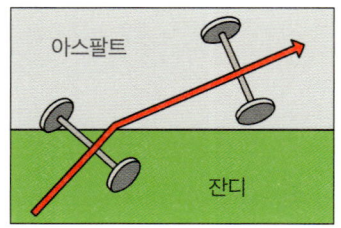

▲ 파동이 빠르기가 빨라지는 쪽으로 진행하면 경계면에 가까운 쪽으로 방향이 휘어.

"오호, 그렇군요! 밤에는요?"

"밤에는 땅이 공기보다 빨리 식어 땅 근처 공기가 위쪽 공기보다 온도가 낮아. 이때에는 위로 올라갈수록 소리의 빠르기가 빨라져 소리가 아래쪽으로 굴절해. 그래서 밤에는 낮보다 주변 소리가 더 잘 들리지."

"아하! 밤에 놀면 왜 더 시끄러운지 이제 알겠어요. 소리가 굴절하기 때문이네요."

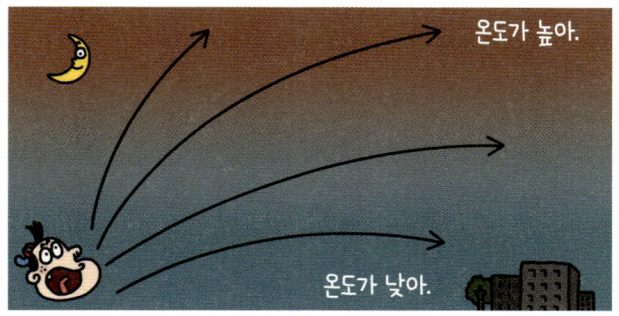

▲ 밤에는 위쪽 공기가 아래쪽 공기보다 온도가 높아 소리가 아래쪽으로 굴절해.

곽두기가 고개를 끄덕이곤 장하다에게 눈짓을 했다.
"형! 그럼 우리 해가 지기 전에 빨리 놀자! 이따 놀이터에서 만나!"
"좋아, 오늘 수업은 여기까지!"

 **핵심정리**

낮에는 아래쪽 공기가 위쪽 공기보다 온도가 높아 소리가 위쪽으로 굴절하고, 밤에는 위쪽 공기가 아래쪽 공기보다 온도가 높아 소리가 아래쪽으로 굴절해. 그래서 낮보다 밤에 땅 근처에서 소리가 더 잘 들려.

나선애의 정리노트

1. 파동의 굴절
① 파동이 진행할 때 성질이 다른 매질의 경계면에서 진행 방향이 꺾이는 현상
② 파동이 경계면에 비스듬히 들어갈 때에만 일어남.
③ 원인: 파동의 ⓐ_____ 가 매질에 따라 달라지기 때문
④ 같은 매질 안에서도 매질의 ⓑ_____ 가 달라지면 파동의 빠르기가 달라져 굴절이 일어남.
 • 온도가 높을수록 빛과 소리의 빠르기가 빠름.

2. 온도에 따른 빛의 굴절
① 여름 한낮에는 땅 부근의 공기가 위쪽 공기보다 온도가 높아 빛의 빠르기가 달라져 빛이 굴절함.
② ⓒ_____ : 빛이 굴절하여 물체의 실제 위치가 아닌 곳에서 물체를 보게 되는 현상

3. 온도에 따른 소리의 굴절
① ⓓ___ 에는 땅 근처 공기가 위쪽 공기보다 온도가 높아 소리가 위쪽으로 굴절함.
② ⓔ___ 에는 땅 근처 공기가 위쪽 공기보다 온도가 낮아 소리가 아래쪽으로 굴절함.
 • 낮보다 밤에 땅 근처에서 소리가 더 잘 들림.

ⓐ 빠르기 ⓑ 온도 ⓒ 신기루 ⓓ 낮 ⓔ 밤

 # 과학퀴즈 달인을 찾아라!

●정답은 111쪽에

01

친구들이 이번 시간에 배운 내용에 대해 이야기하고 있어. 옳으면 O, 옳지 않으면 X를 표시해 줘.

① 빛이 공기 중에서 물속으로 들어갈 때 빛의 빠르기가 달라져 굴절이 일어나. (   )
② 같은 매질 안에서는 굴절이 일어날 수 없어. (   )
③ 신기루는 빛의 굴절 때문에 나타나는 현상이야. (   )

02

나선애가 곽두기에게 편지를 쓰고 있어. 나선애가 편지를 완성할 수 있도록 괄호 안에 알맞은 낱말을 찾아 동그라미로 표시해 줘.

> 두기에게
>
> 두기야, 낮말은 새가 듣고 밤말은 쥐가 듣는다는 속담을 아니? 이 속담은 아무리 비밀스럽게 한 말도 남의 귀에 들어갈 수 있으니 항상 말조심하라는 뜻이 담겨 있어. 그런데 과학적으로 옳은 말이기도 해.
> 소리의 빠르기는 공기의 온도가 높을수록 (빨라서 / 느려서) 낮에는 소리가 (위 / 아래)쪽으로 (반사 / 굴절)하여 하늘에 있는 새가 소리를 잘 듣고, 밤에는 소리가 (위 / 아래)쪽으로 (반사 / 굴절)하여 땅에 있는 쥐가 소리를 잘 듣는다는 뜻이야.
>
> 선애 누나가

| 용선생의 과학 카페 | 용선생의 한국사 카페 | 용선생의 세계사 카페 |

https://cafe.naver.com/yongyong

용선생의 과학 카페

과학계의 핵인싸, 용선생의 과학 카페에 오신 걸 환영합니다.

Log in

오늘은 어떤 재미난 지식을 올려 볼까?

 MENU

물리면 아프다
화학이 화하하
생물 오징어
지구는 둥글다

빛을 가두는 기술!

빛이 진행하다가 다른 매질을 만날 때 경계면에서 굴절하지 않고 모두 반사되는 경우가 있어. 이런 현상을 '전반사'라고 해. 전반사는 빛이 물에서 공기로 진행할 때처럼 파동이 빠르기가 느린 매질에서 빠른 매질로 진행할 때에만 나타나. 왜 그럴까?

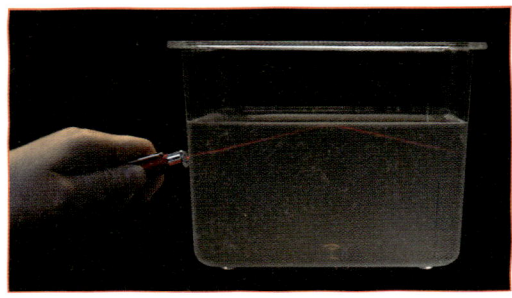

▲ 빛이 물에서 공기로 진행할 때 굴절하지 않고 모두 반사되는 모습

빛이 빠르기가 느린 매질에서 빠른 매질로 진행하면 경계면에 가까운 쪽으로 진행 방향이 꺾여. 빛이 경계면에 비스듬히 들어갈수록 경계면에 더 가까운 쪽으로 방향이 꺾이지. 이때 경계면에 들어가는 각도가 얼마 이상이 되면 빛이 경계면에서 굴절하지 못하고 모두 반사되는 전반사가 일어나.

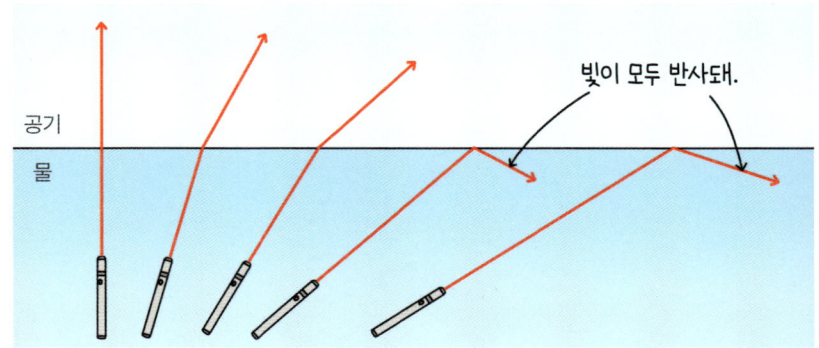

▲ 빛이 물에서 공기로 진행할 때 어느 각도 이상으로 기울어 경계면에 들어가면 굴절하지 않고 전부 반사돼.

빛이 전반사하면 다른 매질로 빠져나가는 빛이 없어서 빛의 세기가 줄지 않아. 덕분에 빛을 멀리까지 보낼 수 있지. 광섬유는 전반사를 이용하여 빛을 멀리 보내는 섬유 모양의 유리관이야. 광섬유 여러 가닥을 묶어 광케이블을 만들면 많은 양의 정보를 빛에 담아 빠르게 멀리까지 보낼 수 있지. 이처럼 빛 속에 정보를 담아 주고받는 통신 방식을 '광통신'이라고 해.

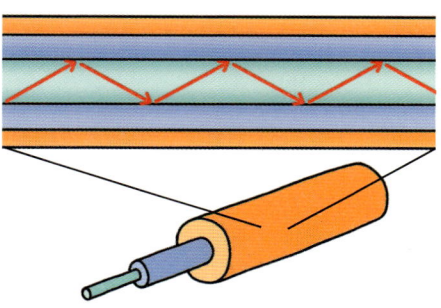

▲ 광섬유의 구조 빛이 안쪽 매질에서 전반사하면서 멀리까지 이동해.

광섬유를 이용하면 사람이 직접 볼 수 없는 곳을 볼 수도 있어. 내시경은 광섬유로 이루어진 관 속으로 빛을 비추어, 관 속에서 전반사하여 나온 빛을 통해 몸속을 보게 해 주는 의료 기기야.

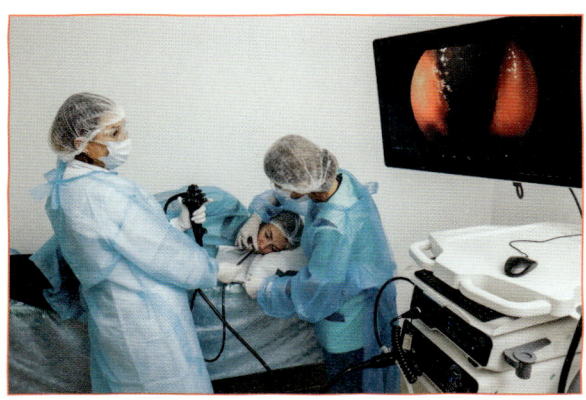

▲ 내시경은 광섬유를 이용해.

- 장하다의 오답을 피하는 방법
- 나선애의 야무진 실험실
- 왕수재의 아는 척 과학교실
- 허영심의 별 헤는 밤
- 곽두기의 빅뱅 따라잡기

COMMENTS

- 광섬유는 빛이 나오는 실인 줄 알았는데 아니었네!
  - 나는 아예 처음 들어 보는 말인데?
  - 그러니까 평소에 책을 좀 읽으라고!
  - 많이 읽는데? 좀비 만화!

| 5교시 | 파동의 회절 |

보이지 않아도 소리가 들리는 까닭은?

쉿! 소리 내면 들켜!

바위 뒤에 숨으면 안 보이는데, 소리는 어떻게 들리는 거지?

교과연계

- 초 3-2 소리의 성질
- 초 4-2 그림자와 거울
- 초 6-1 빛과 렌즈
- 중 1 빛과 파동

보이지 않아도 소리가 들리는 까닭이 뭔지 알아볼까?

1. 파동이란?
2. 파동의 표현
3. 파동의 반사
4. 파동의 굴절
5. **파동의 회절**
6. 파동의 간섭

"너희들 오늘 떡볶이 먹으러 간다며? 나도 같이 가!"

장하다의 말에 나선애와 허영심이 깜짝 놀란 표정을 지었다.

"헉, 어떻게 알았어? 우리 얘기를 일부러 엿들었구나!"

"아냐! 복도에 서 있는데, 교실에서 말하는 너희 목소리가 들리더라고. 하하하!"

"주변에 아무도 없는 줄 알았는데……."

"흠, 생각해 보니 안 보이게 숨어도 소리는 들을 수 있어. 복도에서 교실 소리가 들리는 것처럼 말이야."

나선애가 고개를 갸웃하며 말했다.

"맞아. 방에 들어가 있어도 밖에서 엄마가 부르는 소리는 잘 들리잖아! 왜 그럴까?"

 **벽 뒤에서도 소리가 들리는 까닭은?**

과학 시간이 시작되자 나선애가 물었다.

"선생님, 소리는 어떻게 보이지 않는 곳까지 잘 전달되는 거예요?"

"좋은 질문이야. 소리가 전달되는 모습을 눈으로 볼 수 없으니 소리 대신 물결파로 확인해 보자. 물결파가 방파제의 좁은 틈을 만나면 어떻게 되는지 잘 보렴."

용선생은 화면에 사진을 띄웠다.

 방파제

▲ 물결파가 좁은 틈을 통과하면 모양이 변하면서 넓게 퍼져 나가.

"물결파가 틈을 빠져나가요! 그런데 모양이 바뀌네요!"

"그래. 물결파는 틈을 만나면 틈 주위로 둥글게 휘어지

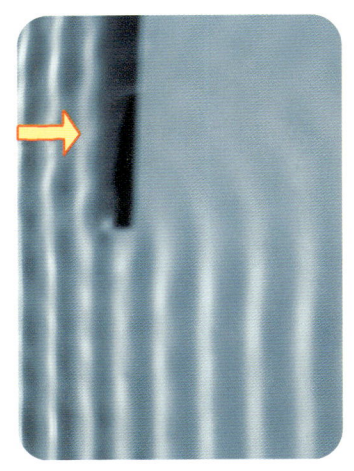

▲ 물결파가 장애물을 만나면 모양이 휘어지면서 장애물 뒤쪽으로 퍼져 나가.

나선애의 과학 사전

회절 돌아올 회(回) 꺾을 절(折). 파동이 장애물을 만났을 때 휘어져 장애물 뒤쪽으로도 퍼져 나가는 현상을 말해.

면서 틈 밖으로 퍼져 나가. 물결파가 틈이 아닌 다른 장애물을 만났을 때에도 마찬가지야. 모양이 휘어지면서 장애물 뒤쪽으로도 퍼져 나가지."

아이들이 고개를 끄덕이자 용선생이 말을 이었다.

"물결파뿐 아니라 파동은 모두 이런 성질을 가지고 있어. 파동이 진행하다가 장애물을 만났을 때 그 모서리에서 휘어져 장애물 뒤쪽까지 퍼져 나가는 현상을 '파동의 회절'이라고 해."

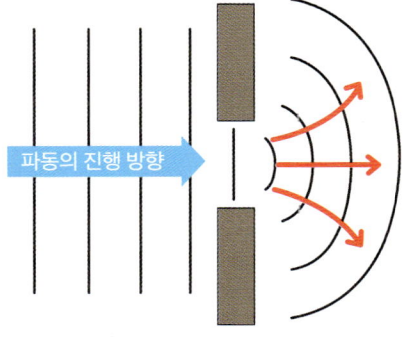

▲ 파동의 회절

"소리도 파동이잖아요. 그럼 소리도 회절하나요?"

"그렇단다. 소리도 진행하다가 담장이나 벽을 만나면 휘어져 뒤쪽까지 퍼져 나가. 그래서 담장 너머나 벽 뒤에서도 소리를 들을 수 있는 거야."

▲ 소리가 장애물을 만나면 회절하여 담장이나 벽 너머에서도 소리를 들을 수 있어.

"오호, 그렇군요!"

핵심정리

파동이 진행하다가 장애물을 만났을 때 그 모서리에서 휘어져 장애물 뒤쪽까지 퍼져 나가는 현상을 파동의 회절이라고 해.

모두 회절 덕분이야!

"우리가 어디에서나 라디오를 들을 수 있고, 휴대 전화로 통화를 하고, 무선 인터넷을 사용할 수 있는 것도 파동이 회절하기 때문이란다."

"그게 모두 파동의 회절과 상관있다고요?"

"응. 모두 전파를 이용하는데, 전파도 파동이니까 장애물을 만나면 회절하지."

"전파라면…… 레이더에 쓰이는 빛이요?"

곽두기가 공책을 뒤적이며 물었다.

"맞아. 전파는 레이더뿐 아니라 라디오, 텔레비전, 휴대 전화, 내비게이션, 무선 통신 등에도 쓰여. 무선 인터넷 공유기를 거실에 설치해도 거실뿐 아니라 방에서도 인터넷

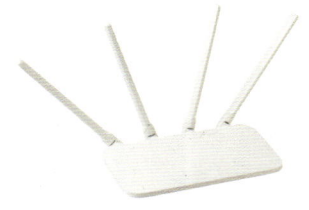

▲ **공유기** 컴퓨터 사이에 인터넷 데이터를 보내는 장치야.

▲ **기지국** 통신망과 휴대 전화를 무선으로 연결하는 통신 시설이야.

▲ 전파가 회절하여 고층 빌딩 너머에서도 통화할 수 있어.

을 사용할 수 있지?"

"그럼요! 심지어 화장실에서도 사용할 수 있잖아요. 화장실 문을 닫고도 말이에요."

"무선 인터넷에 사용되는 전파가 방 문틈이나 화장실 문틈에서 회절하여 퍼져 나가기 때문에 벽으로 막힌 방이나 화장실 안에서도 인터넷을 쓸 수 있는 거야."

"오호, 만약 전파가 회절하지 않는다면 공유기가 설치된 방에서만 인터넷을 쓸 수 있겠네요."

"와, 그럼 엄청 불편하겠다!"

용선생이 주머니에서 휴대 전화를 꺼내 들고 물었다.

"휴대 전화에 쓰이는 전파가 어디에서 오는지 아니?"

"아뇨, 어디에서 오는데요?"

"휴대 전화는 이동통신 기지국에서 보내는 전파를 받아야 통신할 수 있어. 보통 타워나 건물 옥상 등 높은 곳에 기지국을 설치하지."

"아하, 높은 곳에 있으면 전파가 방해를 덜 받고 이동할 수 있겠네요."

"그렇지. 하지만 아무리 기지국을 높은 곳에 설치해도 전파가 회절하지 않는다면 주변의 높은 빌딩이나 산 너머까지 전파를 보내기는 힘들 거야."

"으악, 만약 전파가 회절하지 않으면 도시 고층 빌딩 사이에서는 휴대 전화를 사용하기 힘들겠어요!"

"파동의 회절이 우리 생활과 이렇게 관련이 깊은 줄은 몰랐네요!"

핵심정리
전파가 회절하기 때문에 장애물이 있어도 텔레비전, 라디오, 휴대 전화, 무선 인터넷 등을 사용할 수 있어.

회절은 언제 잘 일어날까?

용선생이 아이들을 둘러보며 물었다.

"텔레비전이 잘 안 나오는 깊은 산골에서도 라디오는 들을 수 있어. 그 까닭이 뭔지 아니?"

아이들이 "글쎄요?" 하며 고개를 가로저었다.

"라디오에 쓰이는 전파가 텔레비전에 이용되는 전파보다 회절이 더 잘 일어나기 때문이야."

"회절이 잘 일어난다는 게 무슨 뜻이에요?"

장하다가 고개를 갸웃하며 물었다.

"파동이 장애물을 만났을 때 많이 휘어져 장애물 뒤쪽으로 넓게 퍼진다는 뜻이야. 라디오 전파는 텔레비전 전파보다 회절이 잘 일어나 장애물을 만났을 때 더 많이 휘어져. 그래서 텔레비전 전파가 도달하지 못하는 곳까지 도달할 수 있지."

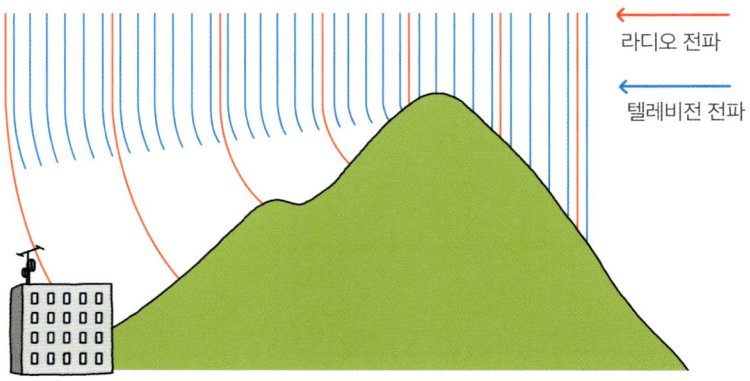

▲ 라디오 전파는 텔레비전 전파보다 회절이 잘 일어나 텔레비전 전파가 도달하지 못하는 곳까지 갈 수 있어.

"근데 라디오 전파는 왜 회절이 잘 일어나요?"

"라디오 전파는 전파 중에서도 파장이 긴 편에 속하는데, 파장이 길수록 회절이 잘 일어나."

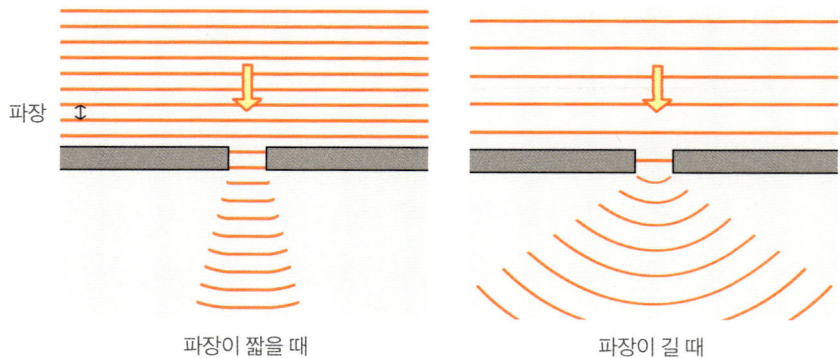

▲ 파장이 길수록 회절이 잘 일어나 파동이 넓게 퍼져.

용선생의 과학 현미경

회절이 잘 일어나는 또 다른 조건!

파장이 같아도 파동이 통과하는 틈이 넓은지, 좁은지에 따라 회절이 일어나는 정도가 달라. 틈이 좁을수록 회절이 잘 일어나 파동이 더 많이 휘어진단다.

틈이 넓을 때

틈이 좁을 때

▲ 틈이 좁을수록 회절이 잘 일어나 파동이 많이 휘어져.

"아하, 라디오 전파는 텔레비전 전파보다 파장이 길어서 회절이 더 잘 일어나는 거군요!"

"너희들 라디오 방송 중에 AM(에이엠) 방송과 FM(에프엠) 방송이 있다는 것 아니?"

"네, 들어 봤어요."

"AM 방송은 FM 방송보다 파장이 긴 전파를 사용해. 그래서 장애물이 많은 산속에서는 AM 방송이 FM 방송보다 더 잘 들리지."

"AM 방송은 파장이 길어 회절이 잘 일어나는군요!"

"라디오, 휴대 전화, 무선 인터넷에 전파를 쓰는 것도 이와 관련이 있어. 전파는 빛 중에서도 진동수가 작은 빛이라고 했던 거 기억하니?"

"네!"

"진동수가 작으면 파장이 길다고 했었지? 전파는 진동수가 작아 가시광선이나 적외선보다 파장이 길어. 덕분에 회절이 잘 일어나 장애물 너머까지 구석구석 신호를 잘 전달하지."

"아하, 라디오, 휴대 전화, 무선 인터넷에 전파를 쓰는 까닭이 바로 그거였군요!"

아이들이 고개를 끄덕이자 용선생이 말을 이었다.

"우리가 볼 수 있는 빛을 가시광선이라고 한다고 했지? 벽 너머에서 말하는 사람의 모습은 볼 수 없지만, 그 소리는 들을 수 있는 것도 가시광선과 소리의 파장이 달라서야. 가시광선은 파장이 소리의 수백만 분의 일밖에 되지 않아. 그러다 보니 소리에 비해 회절이 잘 일어나지 않지. 만약 빛이 소리처럼 회절이 잘 일어나 많이 휜다면 벽이나 담장 너머에 있는 사람을 볼 수 있었을 거야."

"오, 그렇게 되면 정말 재밌겠네요."

소리가 가시광선보다 파장이 길어서 벽 너머에서도 소리를 들을 수 있는 거구나!

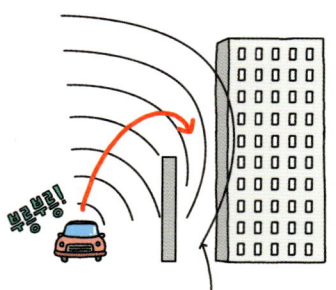
낮은 소리는 회절이 잘 일어나 담장 너머 아래까지 들려.

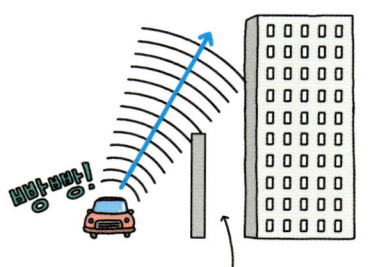
높은 소리는 회절이 잘 안 일어나 담장 너머 아래에서는 잘 안 들려.

▲ 낮은 소리일수록 파장이 길어 회절이 잘 일어나기 때문에 구석구석 퍼져.

"하나 더! 소리의 높이에 따라서도 회절이 다르게 일어나. 높은 소리는 진동수가 커서 파장이 짧고, 낮은 소리는 진동수가 작아서 파장이 길어. 그래서 낮은 소리는 높은 소리보다 회절이 잘 일어나 구석구석 퍼진단다."

"오호, 그건 몰랐네요!"

이때 용선생이 축 처진 모습의 허영심을 발견했다.

"영심이가 기운이 없어 보이네. 어디 아프니?"

"친구들 중에 제가 목소리가 제일 높거든요. 회절이 가장 안 일어난다고 생각하니 기운이 빠져요."

"하하하, 걱정 마. 언제나 네 말에 귀를 기울일 테니!"

 핵심정리
파장이 길수록 회절이 잘 일어나 파동이 구석구석 퍼져.

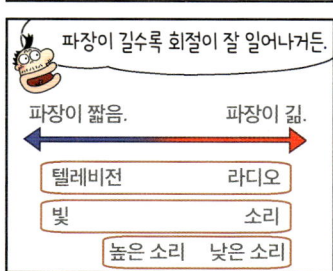

 나선애의 정리노트

1. 파동의 회절

① 파동이 진행하다가 장애물을 만났을 때 그 모서리에서 휘어져 장애물 뒤쪽까지 퍼져 나가는 현상

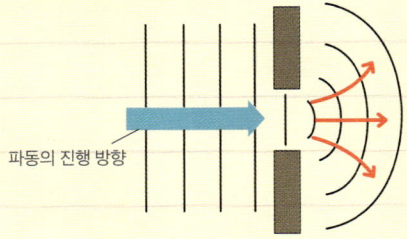

파동의 진행 방향

② 회절에 의해 나타나는 현상
- 담장 너머나 벽 뒤에서도 소리가 들림.
- 장애물이 있어도 텔레비전, 라디오, 휴대 전화, 무선 인터넷 등을 사용할 수 있음.

2. 회절이 잘 일어나는 조건

① ⓐ 이 길수록 회절이 잘 일어남.
- 벽 너머에서 말하는 사람의 모습은 볼 수 없지만, 그 ⓑ 는 들을 수 있음.
- 라디오 전파는 텔레비전 전파보다 장애물이 있어도 멀리까지 잘 전달됨.
- ⓒ 소리는 ⓓ 소리보다 구석구석 퍼짐.

ⓐ 파장 ⓑ 소리 ⓒ 낮은 ⓓ 높은

 # 과학퀴즈 🧪 달인을 찾아라!

●정답은 111쪽에

01

친구들이 이번 시간에 배운 내용에 대해 이야기하고 있어. 옳으면 O, 옳지 않으면 X를 표시해 줘.

① 파동은 장애물 너머로 휘어져 퍼져 나갈 수 있어. (　　)
② 파동 중에 전파만 회절이 일어나. (　　)
③ 소리는 빛보다 회절이 잘 일어나. (　　)

02

장하다가 스마트폰의 잠금 패턴을 잊어버렸어. 다음 보기의 문장 속 괄호에 들어갈 말들을 순서대로 이으면 패턴을 찾을 수 있대. 정답을 찾아서 패턴이 어떤 모양인지 그려 봐.

보기

파동이 진행하다가 장애물을 만났을 때 그 모서리에서 휘어져 장애물 뒤쪽까지 퍼져 나가는 현상을 파동의 (　　)이라고 해. 라디오 (　　)는 (　　) 전파보다 (　　)이 길어서 (　　)이 더 잘 일어나.

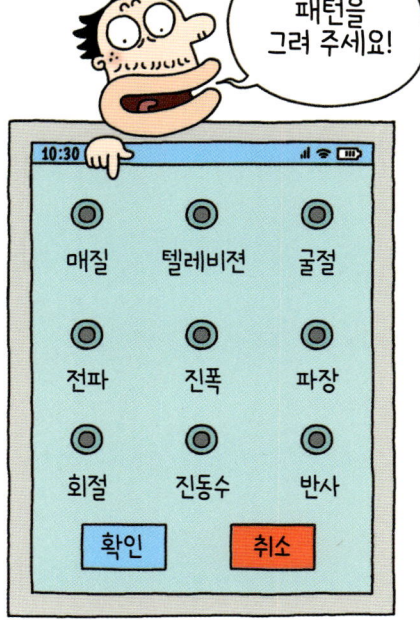

https://cafe.naver.com/yongyong

용선생의 과학 카페

과학계의 핵인싸,
용선생의 과학 카페에
오신 걸 환영합니다.

Log in

MENU

물리면 아프다
화학이 화하하
생물 오징어
지구는 둥글다

전자기파는 어디에 쓰일까?

레이더, 라디오, 텔레비전, 휴대 전화 등에 쓰이는 전파는 '전자기파'라는 파동의 한 종류야. 전자기파는 우리의 일상생활과 매우 밀접한 관계가 있는 파동인데, 파장 또는 진동수에 따라 크게 라디오파, 마이크로파, 적외선, 가시광선, 자외선, X(엑스)선, 감마선으로 나뉘어. 보통 라디오파와 마이크로파를 통틀어 전파라고 하거나, 라디오파만을 일컬어 전파라고도 해. 전자기파 중 우리가 볼 수 있는 부분은 가시광선뿐이야.

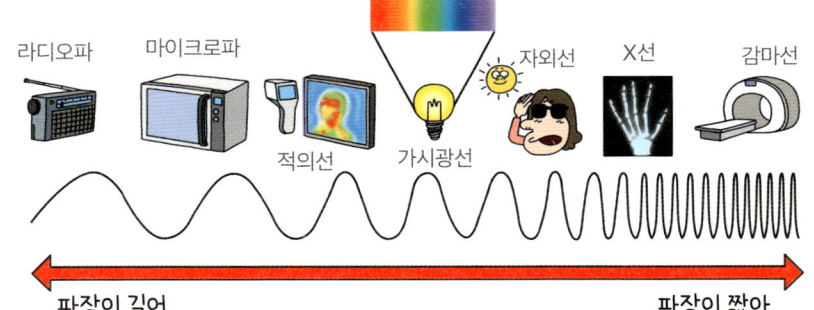

▲ **전자기파의 종류** 감마선 쪽으로 갈수록 파장이 짧고, 진동수가 크고, 에너지가 커.

라디오파는 파장이 가장 길어서 회절이 잘 일어나 텔레비전, 라디오, 휴대 전화 등 무선 통신에 쓰여. 그보다 파장이 짧은 마이크로파는 레이더, 위성 통신, 전자레인지 등에 이용돼.

▲ 전자레인지에는 마이크로파가 쓰여.

가시광선보다 파장이 긴 적외선은 주로 열을 내는 물체에서 나오는데, 열화상 카메라, 텔레비전 리모컨 등에 이용돼. 가시광선보다 파장이 짧은 전자기파는 에너지가 커서 오래 쬐면 위험해. 그중 자외선은 오래 쬐면 피부를 다치게 할 수 있지만, 우리 몸에 해로운 세균을 없앨 수도 있어. 그래서 칫솔이나 식기 등을 소독하는 살균기에 쓰여.

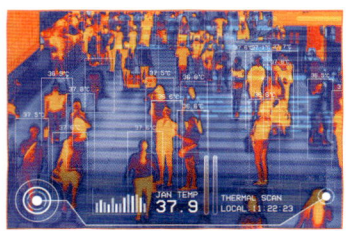
▲ 적외선을 이용하여 찍은 사진

▲ 자외선 살균기

X선과 감마선은 물질을 잘 통과하는 성질이 있어. X선은 피부는 통과하지만 뼈는 통과하지 못하기 때문에 몸속 뼈의 사진을 찍는 데 이용돼. 산업 현장에서 제품을 파괴시키지 않고 내부를 검사하는 비파괴 검사에도 X선이 쓰여. 감마선은 몸속을 통과하여 세균이나 세포를 파괴할 수 있어서 암 치료 등에 이용돼.

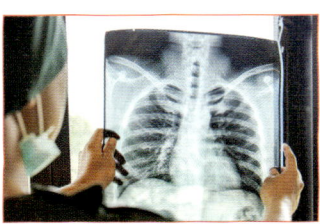
▲ X선으로 촬영한 뼈 사진

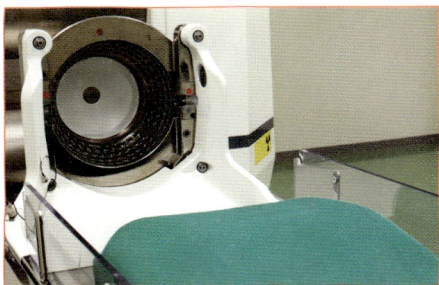
▲ 감마선을 이용하는 뇌암 치료 장치

장하다의 오답을 피하는 방법
나선애의 야무진 실험실
왕수재의 아는 척 과학교실
허영심의 별 헤는 밤
곽두기의 빅뱅 따라잡기

COMMENTS

 전자기파의 종류가 저렇게 많다니 놀랍다!

└ 과학자들은 참 대단한 것 같아!

└ 맞아. 보이지도 않는 파동을 알아내고 말이야.

└ 나도 커서 저런 과학자가 돼야지!

교과연계

- 초 3-2 소리의 성질
- 초 4-2 그림자와 거울
- 초 6-1 빛과 렌즈
- 중 1 빛과 파동

헤드폰이 주변의 시끄러운 소리를 없애 주기라도 하나?

과연 그런지 함께 알아볼까?

1. 파동이란?
2. 파동의 표현
3. 파동의 반사
4. 파동의 굴절
5. 파동의 회절
6. 파동의 간섭

"너희들 이런 헤드폰 써 봤어? 이거 정말 신기하다!"

왕수재가 새로 산 헤드폰을 아이들에게 보여 주며 자랑했다.

"보기에는 평범해 보이는데 뭐가 신기하다는 거야?"

허영심이 헤드폰을 요리조리 살피며 물었다.

"이 헤드폰으로 음악을 들으면 주변의 시끄러운 소리가 싹 사라지고 음악 소리만 들려!"

"주변 소리가 안 들린다고? 어떻게?"

"그것까지는 나도 모르지!"

이때 용선생이 자리에서 일어나며 큰소리로 말했다.

"그것참, 좋은 수업 주제인데! 선생님이 알려 줄 테니 모두 자리에 앉아 보렴."

두 파동이 마주치면?

아이들이 자리에 앉자 용선생이 말을 이었다.

"소리도 파동이라는 것 기억하지? 수재 헤드폰은 두 파동이 만났을 때 일어나는 현상을 이용하여 소음을 없애는 거야."

"두 파동이 만나면 어떻게 되는데요?"

"줄로 파동을 만들어 직접 확인해 보자. 수재와 선애가 각각 줄의 한쪽 끝을 잡고 동시에 위로 한 번 흔들어 볼래? 그럼 위로 볼록한 두 파동이 가운데에서 만날 거야."

 곽두기의 낱말 사전

소음 떠들 소(騷) 소리 음(音). 불규칙하게 뒤섞여 불쾌하고 시끄러운 소리를 말해.

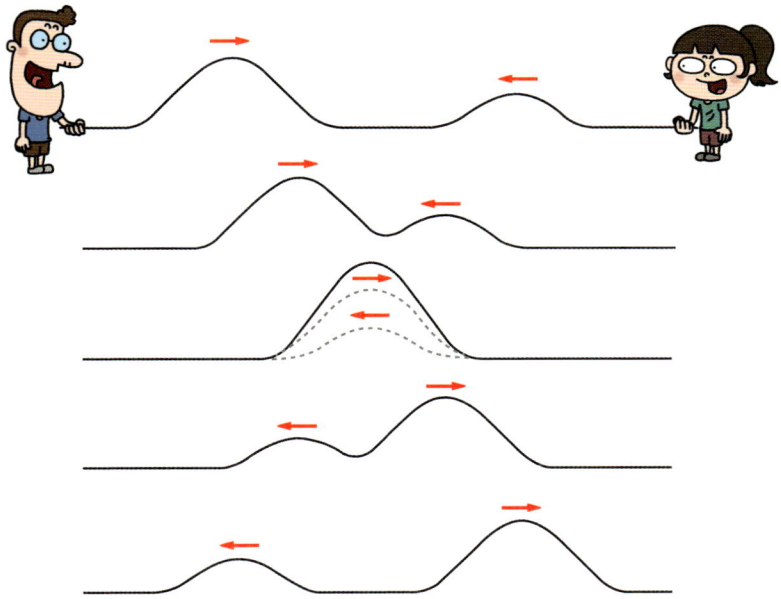

▲ **보강 간섭** 두 파동이 겹쳐진 동안 파동의 진폭이 커져.

"두 파동이 만나 하나로 합쳐지는 것 같아요."

"파동이 합쳐지니까 진폭이 어떻게 되었지?"

"커졌어요!"

"맞아. 방금 본 것처럼 두 파동이 만나 겹쳐지면 파동의 모양이 변해. 위로 볼록한 파동 두 개가 만나면 파동의 진폭은 각 파동의 진폭을 더한 것과 같지."

"오호, 그래서 두 파동이 겹쳤을 때 마루가 더 높아진 거군요."

"아래로 볼록한 파동 두 개가 만나도 마찬가지야. 두 파동이 겹쳐졌을 때의 진폭은 각 파동의 진폭을 더한 것과 같아."

"음, 이 경우에는 골이 더 깊어지겠네요?"

"그렇지! 이처럼 두 개 이상의 파동이 만나 서로 겹쳐질 때 겹쳐진 파동의 진폭이 변하는 현상을 '파동의 간섭'이라고 해. 특히 파동이 둘 다 위로 볼록하거나 둘 다 아래로 볼록한 경우에는 겹쳐진 파동의 진폭이 원래 파동의 진폭보다 커지는데, 이걸 '보강 간섭'이라고 하지."

"근데 파동이 겹쳐졌다가, 다시 나누어져 원래 모양으로 되돌아오는데요? 그리고 꼭 아무 일도 없었던 것처럼 원래 가던 방향으로 계속 가요."

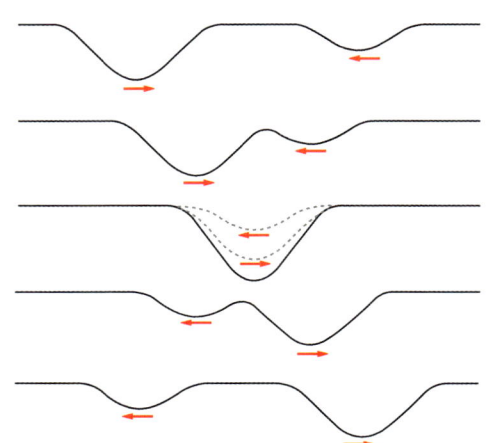

▲ 보강 간섭의 또 다른 예

곽두기의 낱말 사전

보강 더할 보(補) 강할 강(强). 보태거나 채워서 원래 상태보다 더 튼튼하게 한다는 뜻이야.

"하하하! 이게 바로 파동의 특징이란다. 파동은 겹쳐지는 동안만 진폭이 달라져 모양이 변하고, 그 이후에는 서로 아무런 영향을 끼치지 않고 원래 모양 그대로 진행하는 성질이 있어."

"아, 그렇구나. 놀랍다!"

이때 나선애가 고개를 갸웃하며 물었다.

"근데 위로 볼록한 파동과 아래로 볼록한 파동이 만나면 어떻게 돼요?"

"이때에는 겹쳐진 파동의 진폭이 원래 파동의 진폭보다 작아져. 특히 마루와 골의 높이가 같은 두 파동이 만나 완전히 겹쳐지면 겹쳐진 파동의 진폭이 0이 되지. 이처럼 겹쳐진 파동의 진폭이 원래 파동의 진폭보다 작아지는 현상을 '상쇄 간섭'이라고 해."

> 곽두기의 낱말 사전
>
> **상쇄** 서로 상(相) 감할 쇄(殺). 반대되는 것이 서로 영향을 주어 효과가 없어지는 것을 말해.

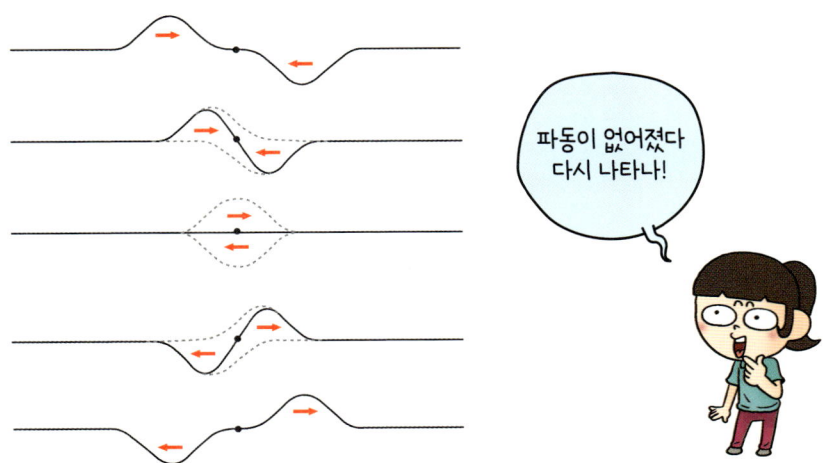

▲ **상쇄 간섭** 두 파동이 겹쳐진 동안 파동의 진폭이 작아져.

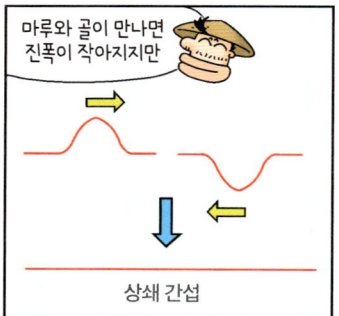

"우아, 신기하다! 두 파동이 만나 진폭이 작아지기도 한다니."

"상쇄 간섭이 일어날 때에도 파동은 다시 원래 모양으로 되돌아와 진행하던 방향으로 계속 진행한단다."

"킥킥, 이번에도 파동은 가던 길을 계속 가네요."

두 개 이상의 파동이 만나 겹쳐질 때 겹쳐진 파동의 진폭이 변하는 현상을 파동의 간섭이라고 해. 파동은 겹쳐지는 동안에만 모양이 변하고, 그 이후에는 서로 아무런 영향을 끼치지 않고 원래 모양 그대로 진행해.

 소리가 만나면 어떤 일이?

"소리도 파동이니까 여러 소리가 만나면 간섭이 일어나서 소리의 진폭이 변해."

허영심이 얼른 공책을 뒤적이더니 말했다.

"진폭이 크면 큰 소리이고, 진폭이 작으면 작은 소리인 거죠?"

용선생이 고개를 끄덕이자 곽두기가 물었다.

"간섭이 일어나면 진폭이 변하니까 소리가 커지거나 작아지겠네요?"

"그렇지! 소리를 만들어 소리의 간섭 현상을 직접 관찰해 보자."

용선생은 스피커 두 개를 1m 간격으로 떨어뜨려 놓은 뒤 스마트폰에 연결했다.

"스마트폰을 이용하여 일정한 높이의 소리를 낼 테니 스피커 앞에서 스피커와 나란한 방향으로 조금씩 걸어가면서 스피커에서 나오는 소리를 잘 들어 봐."

"스피커가 두 개나 필요해요?"

장하다의 물음에 나선애가 한숨을 푹 내쉬며 말했다.

"아이참, 파동 두 개가 만나야 간섭이 일어나잖아! 소리가 두 군데에서 나와야 간섭이 일어나지."

"하하하, 선애가 잘 설명해 주었어. 이제 양쪽 스피커에서 진동수와 진폭이 같은 소리가 나올 거야. 스피커 앞에서 왔다 갔다 걸어가면서 소리가 커지는 곳과 작아지는 곳을 찾아보렴."

왕수재가 가장 먼저 일어나 스피커 앞을 조심조심 걸었다. 곧 걸음을 멈추며 외쳤다.

"여기에서 소리가 커지는 게 느껴져요! 소리

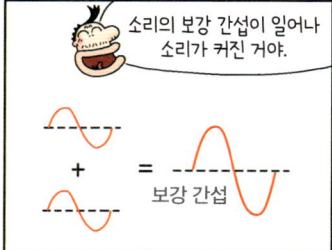

가 커졌으니까…… 보강 간섭이 일어난 건가요?"

"그렇지! 그곳은 양쪽 스피커에서 나온 파동이 같은 모양으로 만나는 곳에 해당해."

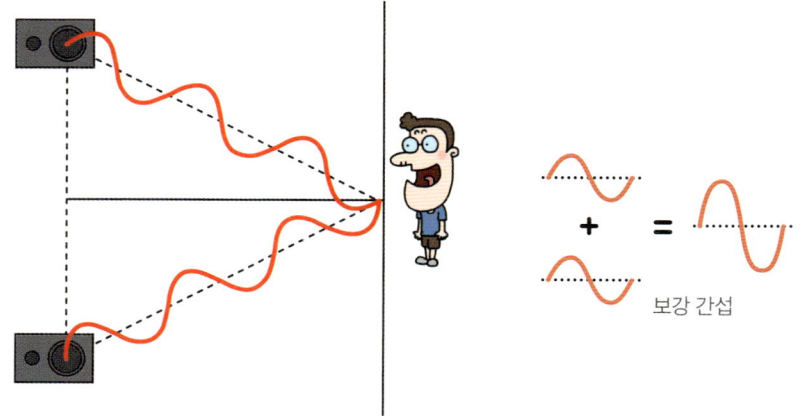

▲ 파동이 같은 모양으로 만나는 곳에서는 보강 간섭이 일어나 소리가 크게 들려.

"오호, 그렇구나!"

"상쇄 간섭이 일어나는 곳도 찾아보렴."

나선애가 얼른 일어나 스피커 앞을 걷기 시작했다.

"여기에서 소리가 작아져요! 여기에서 상쇄 간섭이 일어나나 봐요!"

"그래. 그곳은 양쪽 스피커에서 나오는 파동이 반대 모양으로 만나는 곳이야."

"와, 스피커에서 나오는 소리는 같은데 위치에 따라 소리

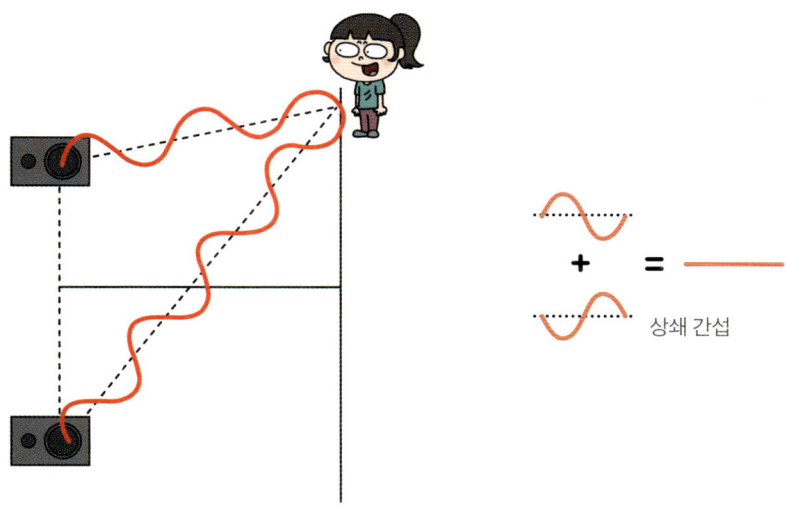

▲ 파동이 반대 모양으로 만나는 곳에서는 상쇄 간섭이 일어나 소리가 작게 들려.

가 커지기도 하고 작아지기도 하다니, 신기하다!"

"간섭 현상은 물결파로도 확인할 수 있어. 비 오는 날 물웅덩이에는 빗방울이 떨어지며 여러 개의 물결파가 생기는데, 이때에도 간섭이 일어나서 물결파의 모양이 바뀌어. 특히 진동수와 진폭이 같은 물결파가 만나면 간섭 현상이 나타나면서 특별한 무늬가 생기지."

"앞으로 비 오는 날에 물웅덩이를 잘 살펴봐야겠어요."

▲ 물결파의 간섭

 핵심정리

소리가 만나도 간섭이 일어나. 보강 간섭이 일어나면 소리가 커지고, 상쇄 간섭이 일어나면 소리가 작아져.

소음을 없애는 방법!

"선생님, 제 헤드폰이 주변의 시끄러운 소리를 없애는 것도 파동의 간섭과 상관이 있나요?"

왕수재가 헤드폰을 손으로 가리키며 물었다. 그러자 나선애가 이마를 탁 치며 말했다.

"뭔지 알 것 같아요! 소리가 만나 상쇄 간섭이 일어나면 소리가 작아지니까…… 혹시 소리의 상쇄 간섭을 이용하는 건가요?"

"역시 선애야! 맞아, 수재 헤드폰은 파동의 상쇄 간섭을 이용하여 주변의 시끄러운 소리를 없애는 거야."

왕수재가 고개를 갸우뚱하며 물었다.

"정말요? 근데 상쇄 간섭이 일어나려면 파동 두 개가 만나야 하는 거 아니에요? 그럼 소음이 다른 소리와 만나야 하는데……."

"수재 헤드폰에는 마이크가 들어 있어. 마이크가 주변의 시끄러운 소리를 모으면 헤드폰에서 소음과 상쇄 간섭을 일으킬 수 있는 소리를 만들어. 소음과 헤드폰에서 만든 소리가 만나 상쇄 간섭이 일어나면 소음이 없어지지."

"오, 헤드폰 속에 마이크가 들어 있는 줄은 몰랐네요!"

용선생의 과학 현미경

마이크는 소리를 전기 신호로 바꿔 주는 장치야. 이와 반대로 헤드폰과 스피커는 전기 신호를 소리로 바꿔 주는 장치이지.

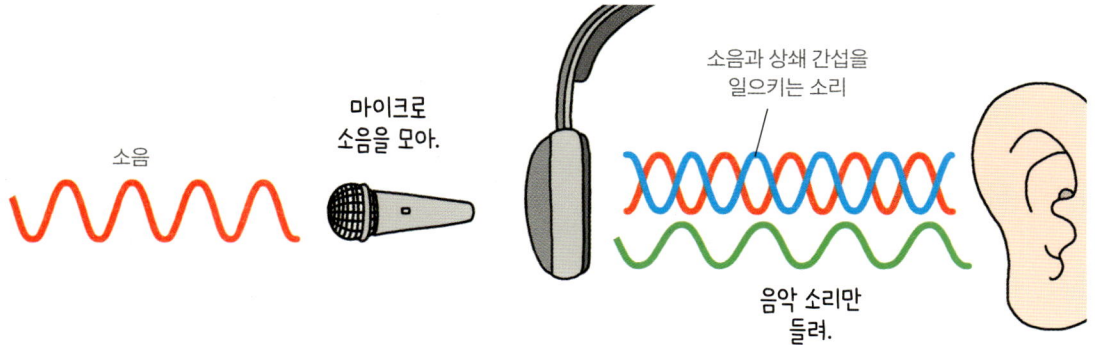

▲ 노이즈 캔슬링 헤드폰은 소음과 상쇄 간섭을 일으키는 소리를 만들어 소음을 없애.

 "이처럼 상쇄 간섭을 일으켜 소음을 없애는 기술을 '노이즈 캔슬링'이라고 해. '노이즈(noise)'는 소음이란 뜻이고, '캔슬링(canceling)'은 상쇄시킨다는 뜻이야."
 "와, 소리로 소리를 없앤다니, 대단하다!"
 "노이즈 캔슬링 기술은 시끄러운 엔진 소음을 늘 들어야 하는 비행기 조종사를 위해 처음 개발됐어."
 "비행기가 근처에 지나가면 엄청 시끄럽던데, 노이즈 캔슬링 기술이 있어서 다행이네요! 그게 없었다면 비행기 조종사는 시끄러운 비행기 소리를 계속 들어야 했을 것 아니에요."
 "그래. 비행기를 조종할 때뿐 아니라 비행기나 기차와 같이 소음이 큰 곳에서 음악을 들을 때에도 노이즈 캔슬링 기능이 있는 헤드폰을 사용하면 소리를 크게 하지 않

▲ 노이즈 캔슬링 헤드폰을 이용하는 경우

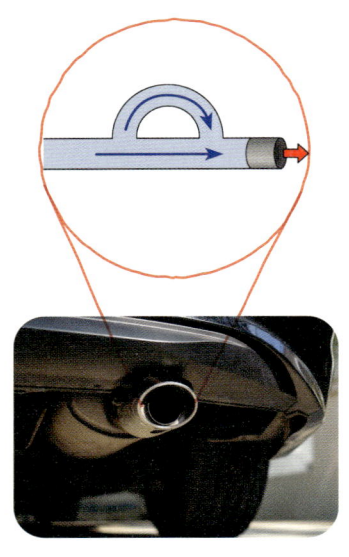

▲ 자동차 배기관에서 상쇄 간섭이 일어나게 해 엔진 소음을 줄여.

아도 음악을 감상할 수 있어 아주 편리해."

"오, 그렇겠네요!"

"최신 스마트폰에도 노이즈 캔슬링 기술이 쓰여서, 시끄러운 곳에서 통화할 때 상대방 소리를 잘 들을 수 있지. 하나 더! 노이즈 캔슬링 기능이 자동차에 쓰이기도 해."

"정말요? 어떻게요?"

"자동차 엔진 소음이 나오는 통로를 둘로 나누어 각 통로에서 나오는 소리가 합쳐질 때 상쇄 간섭이 일어나게 하면 소음을 줄일 수 있어. 또 자동차 천장에 달려 있는 마이크로 엔진 소음을 모으고 바닥의 스피커에서 소음과 상쇄 간섭을 일으키는 소리를 만들어 엔진 소음을 없애기도 하지."

"와, 파동의 간섭이 우리 생활에 이렇게 많이 이용될 줄이야!"

▲ 노이즈 캔슬링 기능으로 자동차의 소음을 없애.

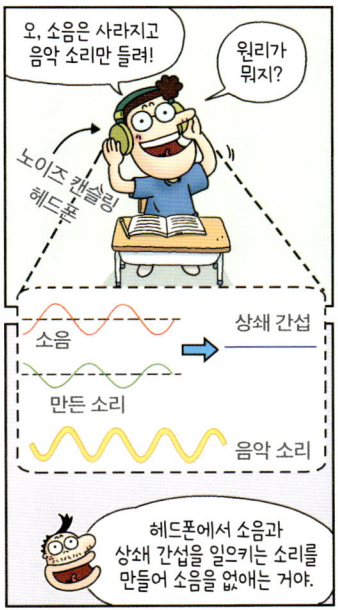

"선생님, 이제 수업 끝난 거죠?"

용선생이 고개를 끄덕이자 왕수재가 아이들을 향해 큰 소리로 말했다.

"얘들아, 쉬는 시간에 좀 크게 떠들어 줄래? 평소보다 아주 시끄럽게 말이야."

"아니, 왜?"

"내 헤드폰의 노이즈 캔슬링 기능이 얼마나 좋은지 확인해 보려고!"

외부의 소음과 상쇄 간섭을 일으키는 소리를 만들어 내보내면 소음을 없앨 수 있어.

나선애의 정리노트

1. 파동의 간섭
① 두 개 이상의 파동이 만나 겹쳐질 때 겹쳐진 파동의 ⓐ[_____]이 변하는 현상
  • 파동은 겹쳐지는 동안만 모양이 변하고, 그 이후에는 서로 아무런 영향을 끼치지 않고 원래 모양 그대로 진행함.
② 보강 간섭: 겹쳐진 파동의 진폭이 원래 파동의 진폭보다 ⓑ[_____] 현상
③ 상쇄 간섭: 겹쳐진 파동의 진폭이 원래 파동의 진폭보다 ⓒ[_____] 현상

2. 소리의 간섭
① 보강 간섭이 일어나면 소리가 커지고, 상쇄 간섭이 일어나면 소리가 작아짐.
② 노이즈 캔슬링 헤드폰은 마이크로 소음을 모아 소음과 ⓓ[_____] 간섭을 일으킬 수 있는 소리를 만들어 소음을 없앰.

ⓐ 진폭 ⓑ 커지는 ⓒ 작아지는 ⓓ 상쇄

과학퀴즈 달인을 찾아라!

●정답은 111쪽에

01

친구들이 이번 시간에 배운 내용에 대해 이야기하고 있어. 옳으면 O, 옳지 않으면 X를 표시해 줘.

① 두 파동이 만나 겹쳐져도 진폭은 변하지 않아. (   )
② 두 파동의 마루와 마루가 만나면 진폭이 커져. (   )
③ 상쇄 간섭이 일어나면 파동이 영원히 사라져. (   )

02

왕수재가 책을 읽는데 주변이 너무 시끄러워서 노이즈 캔슬링 기술을 이용하여 주변의 소음을 없애려고 해. 소음을 없애려면 어떤 모양의 소리가 필요한지 아래 그림에 그려 봐.

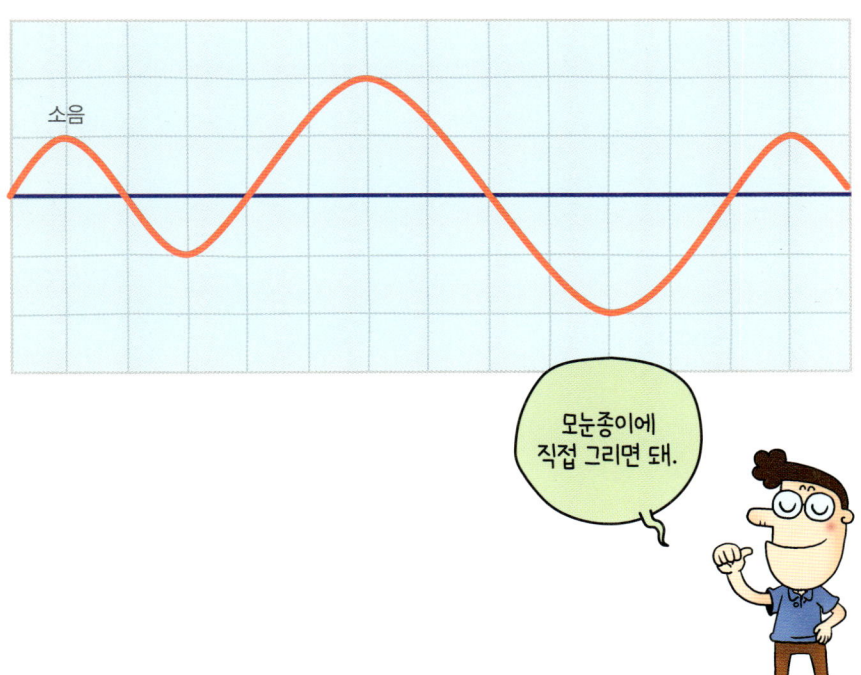

모눈종이에 직접 그리면 돼.

https://cafe.naver.com/yongyong

용선생의 과학 카페

과학계의 핵인싸,
용선생의 과학 카페에
오신 걸 환영합니다.

Log in

오늘은 어떤 재미난 지식을 올려 볼까?

MENU

물리면 아프다
화학이 화하하
생물 오징어
지구는 둥글다

빛의 간섭으로 위조지폐를 찾아내!

빛도 파동이어서 간섭이 일어나. 비눗방울이나 물 위의 기름막이 무지개색을 띠는 것도 빛의 간섭 때문이야. 빛이 간섭하면 왜 다채로운 색이 나타나는 걸까?

▲ 빛의 간섭이 일어나 비눗방울이 다채로운 색을 띠어.

가시광선이 비눗방울에 도달하면 비눗방울 막의 바깥쪽에서 반사된 빛과 막의 안쪽에서 반사된 빛이 서로 간섭을 일으켜. 이때 막의 두께나 보는 방향에 따라 다른 색의 빛이 보강 간섭과 상쇄 간섭을 일으키게 돼. 보강 간섭이 일어난 빛은 밝게 보이고, 상쇄 간섭이 일어난 빛은 어둡게 보여서 비눗방울이 다채로운 색을 나타내는 거야.

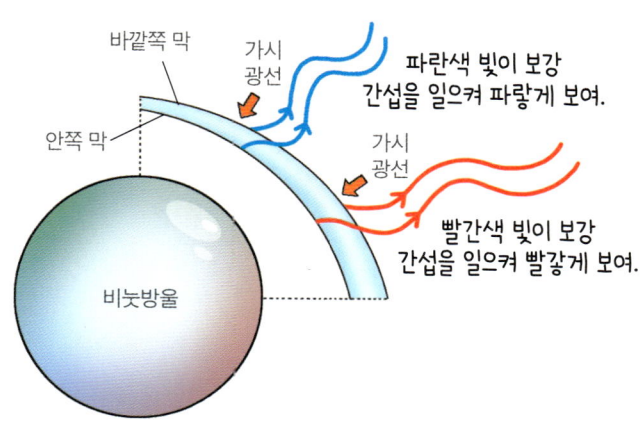

▲ 비누막의 두께에 따라 다른 색의 빛이 보강 간섭을 일으켜.

빛의 간섭 현상은 위조지폐를 찾는 데에도 쓰여. 만 원짜리 지폐는 어느 방향에서 보느냐에 따라 10000이란 숫자가 황금색으로 보이기도 하고 녹색으로 보이기도 하는데, 이것도 빛의 간섭 현상을 이용하는 거야.

 지폐를 약간 휘어서 보면 숫자가 다른 색으로 보여.

오천 원권, 만 원권, 오만 원권 지폐에는 '홀로그램' 마크가 있어. 이 마크는 보는 각도에 따라 그림이 세 가지 다른 모양으로 변해. 이것도 빛의 간섭을 이용하는 건데, 위조지폐는 그림이 변하지 않아 쉽게 구분할 수 있어. 신용카드에도 위조를 막기 위한 홀로그램 마크가 있단다.

▲ 보는 각도에 따라 각각 세 가지 다른 모양이 나타나.

▲ 신용카드의 홀로그램 마크

- 장하다의 오답을 피하는 방법
- 나선애의 야무진 실험실
- 왕수재의 아는 척 과학교실
- 허영심의 별 헤는 밤
- 곽두기의 빅뱅 따라잡기

COMMENTS

 만 원짜리 지폐로 확인해 보자!
ㄴ 우리나라 지도가 보여!
ㄴ 난 숫자가 보여!
ㄴ 난 태극기의 4괘!
ㄴ 난 비눗방울이나 불어야지!

가로세로 퀴즈

파동에 관한 가로세로 퀴즈야. 빈칸을 채워 봐.
띄어쓰기는 무시해도 돼.

가로 열쇠	① 진동이 주위로 퍼져 나가는 것 ② 매질의 진동 방향과 파동의 진행 방향이 서로 수직인 파동 ③ 사람의 눈으로 볼 수 있는 빛 ④ 매질이 1초 동안 진동하는 횟수 ⑤ 두 파동이 만나 겹쳐진 파동의 진폭이 원래 파동의 진폭보다 작아지는 현상 ⑥ 진동수가 20,000 Hz보다 커서 사람이 들을 수 없는 높은 소리 ⑦ 파동이 진행하다가 장애물을 만났을 때 그 모서리에서 휘어져 장애물 뒤쪽까지 퍼져 나가는 현상. 파동의 ○○
세로 열쇠	① 마루에서 이웃한 마루, 또는 골에서 이웃한 골까지의 거리 ② 가시광선보다 진동수가 커서 우리가 눈으로 볼 수 없고, 칫솔이나 식기 등을 소독하는 데 쓰이는 빛 ③ 매질의 진동 방향과 파동의 진행 방향이 나란한 파동 ④ 두 파동이 만나 겹쳐진 파동의 진폭이 원래 파동의 진폭보다 커지는 현상 ⑤ 진동 중심에서 마루나 골까지의 거리 ⑥ 파장이 길어 회절이 잘 일어나 라디오, 휴대 전화, 무선 인터넷 등에 쓰이는 빛 ⑦ 진동수가 20 Hz보다 작아서 사람이 들을 수 없는 낮은 소리 ⑧ 파동이 진행할 때 성질이 다른 매질의 경계면에서 진행 방향이 꺾이는 현상. 파동의 ○○

●정답은 111쪽에

교과서 속으로

초등 3학년 2학기 과학 | 소리의 성질

소리가 나아가다 물체에 부딪치면 어떻게 될까?

- **소리가 나는 까닭**
  - 물체가 떨리면 소리가 난다.
  - 대부분의 소리는 기체인 공기를 통해 전달된다.
- **소리의 반사**
  - 소리가 나아가다가 물체에 부딪쳐 되돌아오는 성질
  ↳ 텅 빈 체육관에서 손뼉을 치면 잠시 뒤에 그 소리가 다시 들린다.

 박쥐는 소리의 반사를 이용해 먹이를 찾아내!

초등 6학년 1학기 과학 | 빛과 렌즈

빛은 공기와 물의 경계에서 어떻게 나아갈까?

- **빛의 굴절**
  - 빛을 수면에 비스듬하게 비추면 빛이 공기와 물의 경계에서 꺾여 나아간다.
  - 서로 다른 물질의 경계에서 빛이 꺾여 나아가는 현상을 빛의 굴절이라고 한다.
  ↳ 빛을 수면에 수직으로 비추면 빛이 굴절하지 않는다.
- **빛이 굴절하여 나타나는 현상**
  - 물속에 있는 물체의 모습은 실제와 다른 위치에 있는 것처럼 보인다.

 일부만 물에 잠긴 빨대가 꺾여 보이는 것은 빛의 굴절 때문이야.

중 1학년 과학 | 빛과 파동

퍼져 나가는 파동

- **파동**
  - 한곳에서 만들어진 진동이 주위로 퍼져 나가는 것
  - 파동을 전달하는 물질을 매질이라고 한다.

- **파동의 표현**
  - 마루에서 이웃한 마루까지의 거리를 파장이라고 한다.
  - 파동이 진행할 때 1초 동안 매질이 진동하는 횟수를 진동수라고 한다.

 나는 진동수의 단위가 Hz(헤르츠)라는 것도 알고 있지!

중 1학년 과학 | 빛과 파동

파동의 종류

- **횡파**
  - 파동의 진행 방향과 매질의 진동 방향이 서로 수직인 파동
  - 물결파는 횡파이다.

- **종파**
  - 파동의 진행 방향과 매질의 진동 방향이 나란한 파동
  - 소리는 종파이다.

 지진파 중에는 횡파도 있고, 종파도 있어!

찾아보기

가시광선 34-36, 52, 82, 86, 104
간섭 91-102, 104-105
감마선 86-87
검은뇌조 39
골 27-29, 36, 92-94
광섬유 71
광케이블 71
광통신 71
굴절 60-68, 70
기린 39
내시경 71
노이즈 캔슬링 99-102
돌고래 33-34, 48-49, 53-54
라디오파 86
레이더 51-54, 77, 86
마루 27-29, 36, 92-94
마이크로파 86
매질 14-22, 27-32, 36, 58-65, 68, 70-71
메아리 46-47, 49, 53-54
물결파 13-19, 22, 27, 30, 43-45, 75-76, 97
반사 43-51, 53-54, 61, 65, 70, 104
반사 법칙 44-45, 54
보강 간섭 91-92, 94, 96-97, 102, 104

비파괴 검사 87
상쇄 간섭 93-94, 96-102, 104
신기루 63-65, 68
쓰나미 19, 21
위조지폐 104-105
자동차 후방 감지기 51, 53
자외선 26-27, 34-36, 86-87
자외선 살균기 87
적외선 34-36, 52, 82, 86-87
전반사 70-71
전자기파 86-87
전파 51-54, 77-82, 84, 86
종파 17-20, 22, 28
지진파 19, 21-22
진동 13, 15-20, 22, 27-32, 36
진동수 30-36, 38, 43, 52, 82-83, 86, 95, 97
진동판 20
진폭 28-29, 32, 36, 91-95, 97, 102
초음파 33-36, 47-54
초저주파 33-34, 36, 38-39
코끼리 33-34, 38
파고 29
파도 13, 15, 18-19, 21, 29, 43, 45

파동의 간섭 91-102, 104-105

파동의 굴절 60-68, 70
파동의 반사 43-51, 53-54, 61, 65, 70, 104
파동의 회절 76-84, 86
파장 28-29, 31-32, 36, 80-84, 86-87
하인리히 헤르츠 31
홀로그램 105
회절 76-84, 86
횡파 16-19, 22, 27, 29
Hz(헤르츠) 31-34, 36
X(엑스)선 86-87

퀴즈 정답

1교시

01 ① O   ② X   ③ X

02 장하다

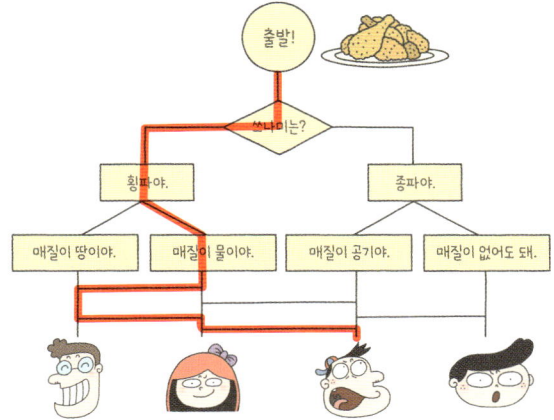

2교시

01 ① O   ② O   ③ X

02

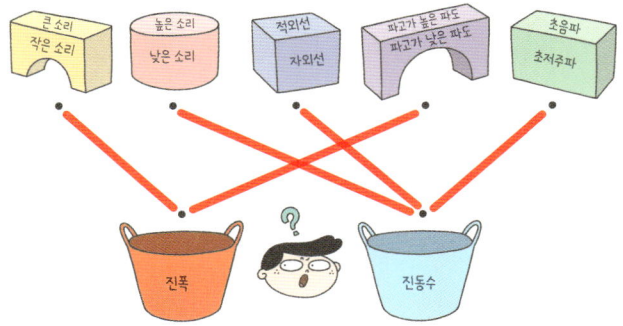

3교시

01 ① ✗ ② ○ ③ ✗

02

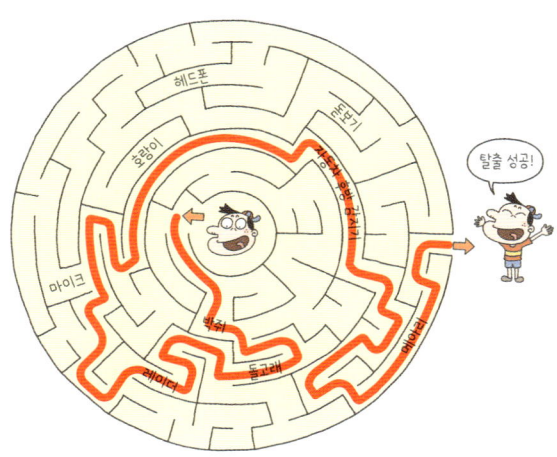

4교시

01 ① ○ ② ✗ ③ ○

02

두기에게

두기야, 낮말은 새가 듣고 밤말은 쥐가 듣는다는 속담을 아니? 이 속담은 아무리 비밀스럽게 한 말도 남의 귀에 들어갈 수 있으니 항상 말조심하라는 뜻이 담겨 있어. 그런데 과학적으로 옳은 말이기도 해.
소리의 빠르기는 공기의 온도가 높을수록 (빨라서 / 느려서) 낮에는 소리가 (위 / 아래)쪽으로 (반사 / 굴절)하여 하늘에 있는 새가 소리를 잘 듣고, 밤에는 소리가 (위 / 아래)쪽으로 (반사 / 굴절)하여 땅에 있는 쥐가 소리를 잘 듣는다는 뜻이야.

선애 누나가

5교시

01 ① ○ ② ✕ ③ ○

02

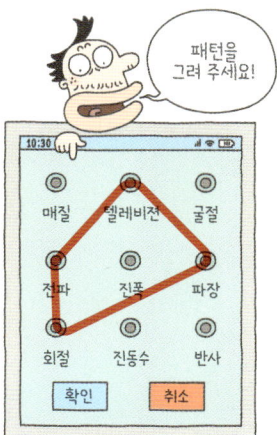

6교시

01 ① ✕ ② ○ ③ ✕

02

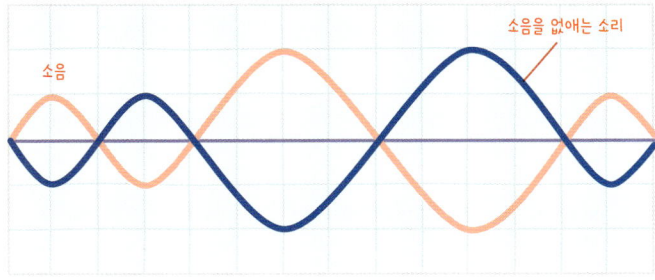

가로세로 퀴즈

	①❶파	동			❷자			❸종
	장				외		②횡	파
		③가	시	광	선			
		❹보		④❺진	동	수		
		강		폭			❻전	
⑤상	쇄	간	섭			⑥❼초	음	파
		섭				저		
			❽굴			주		
		⑦회	절			파		

일러두기

- 맞춤법과 띄어쓰기는 국립국어원에서 펴낸 《표준국어대사전》을 따랐습니다.
- 과학 용어 표기는 《2015 개정 교육과정에 따른 교과용도서 개발을 위한 편수자료Ⅲ 기초과학, 정보 편》을 따랐습니다.
- 이 책에 실린 사진은 저작권자로부터 사용 허가를 받았습니다. 저작권자와 접촉하기 위해 최선을 다했으나 불가피한 사정으로 사용 허가를 받지 못한 일부 사진에 대해서는 저작권자와 연락이 닿는 대로 게재 허락을 받고 사용료를 지불하겠습니다.
- 이 책에 실린 그림의 저작권은 별도의 표기가 없는 한 사회평론에 있습니다.

사진 제공

14쪽: 이미지파트너스 | 17쪽: 이미지파트너스 | 31쪽: 퍼블릭도메인 | 44쪽: 이미지파트너스 | 45쪽: edval(123rf) | 52쪽: 기상레이더센터 | 59쪽: 이미지파트너스 | 70쪽: 이미지파트너스 | 76쪽: sciencephotos(Alamy Stock Photo) | 81쪽: sciencephotos | 97쪽: sciencesource | 105쪽: 이미지파트너스, 화폐박물관, B Christopher(Alamy Stock Photo) | 그 외: 셔터스톡

용선생의 시끌벅적 과학교실 | 파동

1판 1쇄 발행	2022년 5월 24일
1판 4쇄 발행	2025년 3월 10일
글	김지현
구성	이명화, 김형진, 설정민
그림	김인하, 뭉선생, 윤효식
감수	강남화
캐릭터	이우일
어린이사업본부	이승필
책임편집	이건혁
편집	정세민, 이명화, 홍지예, 김미화, 최예리, 윤성진, 박하림, 김예린
마케팅	윤영채, 정하연, 안은지, 박찬수, 강수림
경영지원본부	나연희, 주광근, 오민정, 정민희, 김수아, 김승현
아트디렉터	강찬규
디자인	가필드
사진	이미지파트너스
펴낸이	윤철호
펴낸곳	(주)사회평론
전화	02-326-1182
팩스	02-326-1626
주소	03993 서울시 마포구 월드컵북로6길 56 사평빌딩
출판등록	1993년 10월 6일 제 10-876호

© 사회평론, 2022

ISBN 979-11-6273-222-9 73400

- 이 책 내용의 일부나 전부를 다시 사용하려면 저작권자와 사회평론의 동의를 받아야 합니다.
- 잘못 만들어진 책은 바꾸어 드립니다.

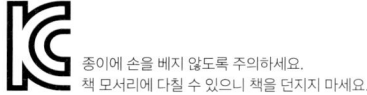
종이에 손을 베지 않도록 주의하세요.
책 모서리에 다칠 수 있으니 책을 던지지 마세요.